LIDERAZGO
ESPIRITUAL

Cómo movilizar a
las personas hacia el
propósito de Dios

LIDERAZGO
ESPIRITUAL

HENRY & RICHARD
BLACKABY

B&H
ESPAÑOL
BRENTWOOD, TENNESSEE

Liderazgo espiritual: Cómo movilizar a las personas hacia el propósito de Dios
Edición abreviada

Copyright © 2016 por Henry Blackaby y Richard Blackaby
Todos los derechos reservados.
Derechos internacionales registrados.

B&H Publishing Group
Brentwood, TN 37027

Clasificación Decimal Dewey: 303.3
Clasifíquese: LIDERAZGO/VIDA ESPIRITUAL/ÉXITO

Publicado originalmente por B&H Publishing Group con el título *Spiritual Leadership: Moving People on to God's Agenda* © 2001 por Henry Blackaby y Richard Blackaby.

Traducción al español: Gabriela de Francesco

ISBN: 978-1-4336-4458-0

Impreso en EE.UU.
8 9 10 11 12 * 28 27 26 25 24

Contenidos

Prefacio

Dios está obrando poderosamente para llevar a cabo Sus propósitos en el mundo. Como siempre lo hizo, sigue llamando a personas comunes y corrientes para que lo sirvan como líderes espirituales. Hay pastores que guiaron a sus hijos para que se transformen en adultos piadosos. Otros llevaron a sus iglesias a brillar con poder en sus comunidades espiritualmente entenebrecidas. Hay empresarios que han hecho que sus compañías bendigan a sus empleados y extiendan el reino de Dios.

Hemos conocido a muchos de estos líderes. Siempre expresan alegría y asombro por que el Dios todopoderoso use sus vidas comunes y corrientes para hacer de este mundo un lugar mejor.

Ahora, es tu turno. Nuestro mundo necesita desesperadamente líderes piadosos que guíen con integridad, demuestren un carácter similar al de Cristo, bendigan a los que los rodean y dejen un legado santo.

Si Dios te llama a servirlo, es el honor más grande que puedes recibir. Que puedas dejar de lado cualquier excusa, echar fuera todo temor y quitar de en medio cualquier distracción para poder servir a Cristo de todo corazón, con pasión e integridad. Si lo haces, el mundo nunca más será el mismo y tu vida será un ejemplo magnífico de lo que Dios puede hacer con las personas que están dispuestas a confiarle sus vidas.

Henry y Richard Blackaby
Blackaby Ministries International
www.blackaby.net

Capítulo 1

El rol del líder

El testigo de la historia

La sociedad siempre ha enfrentado desafíos. Algunas crisis son producto de la naturaleza. Entre ellas, vemos sequías, huracanes, terremotos y hambrunas. Otros problemas, como las guerras, el crimen, la corrupción y la pobreza, son el resultado de las acciones de las personas; y otras crisis son consecuencia de la debilidad física o la pecaminosidad de la gente. Cuestiones como las epidemias, las adicciones, los trastornos psicológicos, el racismo, el odio y la violencia han infectado la humanidad. Sin embargo, la gente nunca enfrentó un dilema para el cual un buen liderazgo no tuviera respuesta. La clave para lograr una familia, una empresa, una iglesia y una nación prósperas y saludables es el liderazgo piadoso, sabio y eficaz.

La Biblia proporciona numerosos relatos de cómo Dios levantó líderes para enfrentar un problema social. Cuando el rey Quedorlaomer capturó a los ciudadanos de Sodoma, Dios llamó a Abraham y lo guió a que, junto con sus siervos, emboscaran al enemigo y liberaran a los cautivos (Gén. 14:14-16). Cuando una hambruna severa surgió en el Medio Oriente, Dios reclutó a José y le dio la sabiduría para salvar muchísimas vidas (Gén. 41:37-57). Mientras el pueblo hebreo languidecía en cautiverio, Dios llamó a Moisés para liberarlos (Ex. 3:10). Cuando los israelitas llegaron a la tierra prometida, Dios levantó a Josué para guiarlos a conquistar el lugar (Jos. 1:1-9). Después de que Sísara y su ejército aterrorizaron a los israelitas durante 20 años, Dios llamó a Débora para liderar al pueblo a fin de derrocar a sus opresores (Jue. 4:1-24). Después de que los madianitas robaron y empobrecieron a Israel durante siete años, Dios designó a Gedeón para sacarlos de la tierra (Jue. 6). Después de que los filisteos aplastaran a los israelitas en la batalla, Dios llamó a Samuel para liberar a Su pueblo (1 Sam. 7:1-17). Cuando los amonitas sitiaron Jabes de Galaad y amenazaron a sus habitantes, Dios fortaleció a Saúl para liberar la ciudad (1 Sam. 11:1-11). Después de la muerte del rey Saúl, Dios levantó a David para guiar a los israelitas a la victoria (2 Sam. 5:1-5). Cuando los desmoralizados habitantes de Judá no podían reconstruir la muralla de Jerusalén, Dios inspiró a Nehemías a llevar a cabo esa tarea (Neh. 1–6).

Cada vez que el pueblo de Dios tenía un problema, el Señor levantaba a un líder para cumplir Su voluntad para con el pueblo. Dios podría haber enviado legiones de ángeles para vencer a los enemigos de los israelitas o para reconstruir la muralla de Jerusalén. Podría haber hablado para hacer que los problemas de Israel se desvanecieran. En cambio, obró a través de personas comunes y corrientes.

Nuestra época no es distinta de la de Abraham, David o Nehemías. La sociedad, así como la iglesia, se enfrenta a problemas que parecen infranqueables. Sin embargo, como en todas las épocas, lo que parece imposible para las personas es posible con Dios. La clave es que el pueblo de Dios ajuste su vida al Señor para que Él haga, a través de ellos, lo que solo Él puede lograr. Nuestro mundo no necesita lo mejor *de nosotros*. ¡Necesita lo que solo *Dios* puede hacer!

Malentendidos comunes sobre el liderazgo

El liderazgo es uno de los temas sobre los cuales más se ha escrito. Se realizaron muchos estudios sobre las vidas de líderes militares como Alejandro Magno, Julio César y Napoleón para aprender lecciones de liderazgo. Los expertos han estudiado a los líderes políticos como Winston Churchill, Abraham Lincoln y Mahatma Gandhi para entender mejor cómo influir a los demás. Otros han estudiado a personas exitosas en el campo de los deportes, los negocios e incluso personajes de ficción.

De esta búsqueda, se han obtenido valiosas perspectivas. Sin embargo, ciertos malentendidos sobre el liderazgo se volvieron populares y causaron mucha confusión. Las siguientes son cuatro de las ideas erróneas más comunes respecto al liderazgo.

1. El liderazgo es una posición

Muchos piensan que, si alcanzan determinada posición, serán líderes. Suponen que, si se los elige para un cargo político, se los asciende a la gerencia u obtienen una posición de liderazgo dentro de su iglesia, es suficiente. Codician la posición más que la responsabilidad. Las personas disfrutan de los privilegios de un cargo, como un mejor salario, un lugar de trabajo más agradable, un equipo de trabajo más amplio o el reconocimiento público. Sin embargo, no necesariamente tienen el carácter o la capacidad para guiar.

Estas personas dan por sentado que los demás las seguirán debido a su título. Alguien puede suponer que los miembros de su iglesia harán lo que él diga porque es el pastor. O una empresaria da por hecho que su personal apoyará sus esfuerzos porque es la jefa. La realidad es que las personas examinan tu vida y deciden si te respetan lo suficiente como para seguirte. Si te falta integridad o habilidad, si sufres fracasos repetidos o maltratas a tus seguidores, los demás quizás decidan no seguirte.

Esa fue la experiencia del rey Saúl. Alcanzó la posición de rey, pero no tenía el carácter necesario para triunfar. Como resultado, a Saúl le molestaba la gente como David, que era un verdadero líder (1 Sam. 18:5-8). El rey empezó a sospechar de los que no estaban de acuerdo con él (1 Sam. 22:8-19), e impuso reglas arbitrarias para sus seguidores, las cuales los reprimían en lugar de beneficiarlos (1 Sam. 14:24-46). Saúl modificaba los mandamientos de Dios para adaptarlos a sus propósitos (1 Sam. 13:8-15; 15:9). En consecuencia, aunque era el rey, muchos de sus súbditos no lo respetaban ni lo seguían (1 Sam. 14:29; 19:17; 22:8,17). Dios dejó de bendecir a Saúl y su liderazgo tuvo un final catastrófico (1 Sam. 31:1-6). Saúl tenía el cargo de rey, pero no era un verdadero líder.

2. El liderazgo es un rasgo de personalidad

Otro error conceptual muy común sobre el liderazgo es pensar que cierta clase de persona «nace» para ser líder. Como resultado, cada vez que alguien tiene éxito en los deportes, el ejército, los negocios o la política, los demás examinan cuidadosamente su estatura física, su personalidad y sus habilidades para determinar qué clase de persona tiene mejores aptitudes para liderar.

La realidad es que no hay una clase de persona mejor preparada para liderar. Cuando conquistó Europa, Carlomagno era uno de los hombres más altos de su época. Napoleón, por otro lado, era todo lo contrario. Sin embargo, los dos tuvieron éxito. Algunos empresarios exitosos son extrovertidos, mientras que otros son introvertidos. Algunos líderes son oradores magistrales, mientras que otros no manejan la oratoria pública.

A lo largo de la Biblia, Dios llamó a Su servicio a personas que no parecían los típicos líderes. Usó a Débora para inspirar al ejército de Israel, aunque era una mujer y no era guerrera (Jue. 4:8). Dios llamó a Moisés para liderar a Israel, aunque este se sentía inadecuado para la tarea (Ex. 3:11). Usó a Gedeón para liberar a los israelitas de sus opresores, a pesar de que era el que menos probabilidades tenía de ser líder en su tribu (Jue. 6:15). El Señor llamó a David, aunque los demás no lo consideraron para una posición de liderazgo (1 Sam. 16:8-11). Llamó a Saulo de Tarso para llevar el evangelio a los gentiles, a pesar de que era el peor enemigo de la iglesia (Hech. 9:1-9). Dios ve a los líderes de distinta manera que la cultura moderna. Así le explicó Su metodología del liderazgo a Samuel: «No mires a su apariencia, ni a lo alto de su estatura [...]; pues Dios ve no como el hombre ve, pues el hombre mira la apariencia exterior, pero el Señor mira el corazón» (1 Sam. 16:7). Lo importante para Dios no es lo fuerte, alto, inteligente, educado o adinerado que sea un individuo. Lo importante es el corazón y el carácter de una persona. En el caso de David, una vez que Dios lo llamó, el Espíritu de Dios descendió sobre él (1 Sam. 16:13). Con la provisión del Espíritu Santo, David tenía todo recurso celestial a su disposición. Inmediatamente después de que David fue ungido con el Espíritu Santo, leemos cómo venció al gigante Goliat. Una vez que Dios puso Su mano sobre David, nada fue imposible.

3. Los líderes son el foco central

Esta concepción errónea sobre el liderazgo se ve cuando las personas concentran toda su atención y esperanza en el líder. Supone que el éxito de una organización depende exclusivamente del líder. Por ejemplo, los pastores de algunas iglesias reciben salarios exorbitantes mientras se espera que el resto de la congregación, que suele tener ingresos limitados, se sacrifique para ofrendar. Los gerentes de algunas empresas usan los fondos corporativos para costear elementos personales de lujos. Los líderes corruptos como estos suelen justificar su conducta codiciosa afirmando que son indispensables para la organización y que merecen una compensación generosa. Otras veces, humillan y despiden con crueldad a las personas que les desagradan. Esta conducta tirana pasa inadvertida porque a los líderes se los considera mucho más valiosos para la organización que aquellos a quienes maltratan o despiden.

La Biblia relata la historia del rey Saúl, un hombre inseguro que se sentía amenazado por los que desviaban la atención de su persona o por aquellos que no actuaban como él quería. Aunque, en Su misericordia, Dios había designado a Saúl como el primer rey de Israel, Saúl empezó a comportarse como si el reino le perteneciera a él y no al Señor. Su liderazgo se volvió cada vez más egoísta y destructivo. Dios mandó a Saúl a que destruyera a los amalecitas (1 Sam. 15:3), pero él le perdonó la vida al rey amalecita y rescató lo mejor de los despojos. Después, en lugar de sentir remordimiento por su desobediencia, ¡Saúl se levantó un monumento a sí mismo en el monte Carmelo! (1 Sam. 15:12). En vez de glorificar a Dios con su obediencia, Saúl buscó honrarse a sí mismo. Cuando David, el soldado más valiente de Saúl, se volvió más popular que él, el celoso monarca intentó asesinar a su fiel comandante. Cuando una comunidad de sacerdotes le ofreció hospitalidad a David, Saúl mandó a matar a 85 sacerdotes y sus familias (1 Sam. 22). Como Saúl creía que su rol de liderazgo le pertenecía por derecho, les dio la espalda a sus amigos, asesinó a ciudadanos inocentes y envidió a los demás. Este liderazgo egoísta llevó a la nación y a la familia de Saúl a la ruina.

No importa cuán talentoso o brillante pueda ser un líder; siempre es reemplazable. Nadie habría pensado que los israelitas podrían sobrevivir a la pérdida de su líder Moisés. Sin embargo, Josué guió al pueblo a lugares donde Moisés no había podido llegar. Elías fue el profeta más grande de su época, pero Eliseo hizo más milagros que su mentor. Los líderes no son más importantes que sus organizaciones.

4. Los líderes no tienen una función especial

Como tantos líderes han abusado de su posición, algunos han minimizado el rol del líder y afirman que no son más importantes para la organización que sus seguidores. Aunque es cierto que los líderes no deberían tratar a los demás como el tiránico Saúl, también es importante reconocer que tienen una función singular. Por ejemplo, los israelitas fueron esclavos en Egipto durante generaciones. En ese tiempo, había ancianos que administraban las doce tribus. Sin embargo, hasta que llegó Moisés, los israelitas no se movilizaron para escapar de su cautiverio. Durante siete años, los madianitas oprimieron a los israelitas. Pero, hasta que Dios llamó a Gedeón, los guerreros israelitas no se pusieron en marcha para derrocar a sus invasores.

Hay dos razones por las cuales los líderes tienen una función única en las organizaciones. En primer lugar, hay menos personas en su posición. Hay un solo pastor principal o director ejecutivo. En general, hay muchos más obreros que gerentes. Sin duda, un empleado de un taller en medio de cientos de otros obreros es sumamente importante. Sin embargo, es más fácil reemplazar a uno de estos obreros que al director ejecutivo. De la misma manera, las iglesias que hacen énfasis en la autoridad de los ancianos o en el congregacionalismo entienden correctamente el valor de las contribuciones de los miembros de la iglesia, pero se equivocan al desestimar el aporte único que puede dar un pastor principal.

En segundo lugar, y más importante aún, los líderes ejercen una influencia mucho mayor sobre toda la organización que los obreros de un rango inferior. A menudo, hemos visto el impacto drástico que tiene un pastor sobre una congregación. Algunas iglesias se habían reducido hasta llegar a tener solo unos pocos miembros y estaban en inminente peligro de desintegrarse. Sin embargo, una vez que llegó un pastor nuevo y dinámico, la congregación empezó a crecer y prosperar. De la misma manera, algunas congregaciones disfrutaron de crecimiento y salud durante muchos años. Pero, después de que la iglesia llamó a un pastor incompetente, hubo división, deterioro y desastre. Los líderes, más que cualquier otra persona de una organización, tienen la capacidad de hacer prosperar la institución o llevarla a la ruina. Por lo tanto, es crucial entender adecuadamente el liderazgo. Los líderes llamados por Dios y que dirigen a Su manera pueden transformar la organización más oscura e irremediable en un lugar dinámico, saludable y próspero.

La definición del liderazgo espiritual

Como hay tantas interpretaciones distintas del liderazgo, es importante establecer nuestra definición del liderazgo espiritual: «liderazgo espiritual es movilizar a las personas hacia los planes de Dios».

1. *La cualidad espiritual*

Hay varias palabras clave en esta definición. En primer lugar, está la palabra «espiritual». Hay muchas clases de líderes. Hay líderes ateos que guían mediante sus propias fuerzas, sabiduría y capacidad. Esta clase de líder ha logrado mucho a lo largo de la historia, ya sea al ganar batallas militares, edificar una nación o desarrollar organizaciones que encuentran soluciones para problemas sociales. A estos líderes solo los limita la cantidad de habilidad, perseverancia y buena suerte que tienen.

Sin embargo, este libro se concentra en los líderes *espirituales*: personas guiadas por el Espíritu Santo. Ser un líder espiritual no es lo mismo que ser un líder «cristiano». Se puede ser cristiano sin dejarse guiar por el Espíritu Santo. Un líder espiritual es alguien que utiliza los recursos que tiene a su disposición de parte del cielo, como resultado del Espíritu Santo que habita y obra en su interior.

En el Antiguo Testamento, el Espíritu Santo descendía sobre ciertas personas con el propósito de prepararlas para una tarea en particular. Cuando los israelitas tuvieron que construir el tabernáculo, era crucial que lo hicieran exactamente de acuerdo a las instrucciones de Dios. Por lo tanto, Dios puso Su Espíritu Santo sobre artesanos capaces a fin de prepararlos plenamente para la tarea. Observa lo que dijo:

> Y lo he llenado [a Bezaleel] del Espíritu de Dios en
> sabiduría, en inteligencia, en conocimiento y en toda *clase*
> de arte, para elaborar diseños, para trabajar en oro, en plata
> y en bronce, y en el labrado de piedras para engaste, y en el

> tallado de madera; a fin de que trabaje en toda *clase* de la-
> bor. Mira, yo mismo he nombrado con él a Aholiab, hijo de
> Ahisamac, de la tribu de Dan; y en el corazón de todos los
> que son hábiles he puesto habilidad a fin de que hagan todo
> lo que te he mandado (Ex. 31:3-6).

Cuando Dios tenía una tarea para Su pueblo, hacía descender al Espíritu Santo sobre ellos para que pudieran llevarla a cabo. Dios no capacitaba a las personas solo para que lograran sus propios objetivos.

Cuando Dios designó a Saúl como rey, puso Su Espíritu Santo sobre él (1 Sam. 10:10). En el momento en que Saúl intentó rescatar una ciudad sitiada, el Espíritu lo capacitó para alcanzar la victoria (1 Sam. 11:6). Sin embargo, cuando Saúl pecó contra Dios, el Señor apartó Su Espíritu Santo de él (1 Sam. 16:14). La historia de Saúl demuestra que, cuando ya no sirves a Dios con fidelidad, no recibes más el poder divino.

En la era del Nuevo Testamento, Dios colocó Su Espíritu Santo en cada cristiano para permitir que los creyentes llevaran a cabo la voluntad del Padre. Jesús les dijo a Sus discípulos que esperaran en Jerusalén hasta que recibieran el Espíritu Santo (Hech. 1:4). El Señor sabía que la Iglesia no podría hacer nada sin la llenura del Espíritu Santo. Por eso les prometió que, una vez que el Espíritu descendiera sobre ellos, serían Sus «testigos» (Hech. 1:8). El Nuevo Testamento enseña que la función del Espíritu Santo en la vida del creyente no es simplemente bendecirte, sino también equiparte.

Esta verdad tiene varias repercusiones para los líderes espirituales. En primer lugar, cuando el Espíritu Santo mora en tu interior, tienes a tu disposición el poder y los recursos de Dios, lo cual te proporciona todo lo necesario para cumplir Su voluntad. En segundo lugar, la llenura del Espíritu Santo no depende del género, la educación ni la clase social. Todos pueden ser llenos del Espíritu Santo. En tercer lugar, Dios te prepara con un propósito. No sirve de nada que te llene con Su poder si estás viviendo en desobediencia. En cuarto lugar, el Espíritu Santo obra a través de laicos y pastores. Puedes ser un líder espiritual mientras trabajas en el mercado, enseñas en la escuela, practicas medicina o sirves en el gobierno.

Por último, Dios capacita según la tarea que asigna. Si el Señor te da una tarea grande, puedes esperar que te conceda una amplia medida de Su sabiduría y poder. Dios siempre te da exactamente lo que necesitas para obedecerlo con fidelidad.

La presencia del Espíritu Santo les da a los líderes espirituales un recurso fundamental que los líderes seculares no tienen a su alcance. Por ejemplo, el Espíritu Santo ve el futuro; sabe lo que el Padre celestial quiere para ti y para los demás. El Espíritu discierne los pensamientos y los planes de tus enemigos. Si lo escuchas, puede darte la sabiduría y la guía que no tienen quienes no disponen de Su llenura. ¡Esto debería darles a los líderes cristianos esperanza y seguridad! Tienen a su alcance recursos increíbles.

2. La movilización

Cuando los líderes cumplen su tarea, las personas que están a su cargo se movilizan desde donde están hacia donde Dios los quiere. La tarea de Josué era movilizar a su pueblo desde el este del río Jordán a la parte oeste. Cuando terminó su obra, afirmó: «y vosotros sabéis con todo vuestro corazón y con toda vuestra alma que ninguna de las buenas palabras que el Señor vuestro Dios habló acerca de vosotros ha faltado; todas os han sido cumplidas, ninguna de ellas ha faltado» (Jos. 23:14). Dios le había indicado a Nehemías que reconstruyera la muralla que rodeaba Jerusalén. Nehemías guió al pueblo a reconstruirla en tan solo 52 días. Más adelante, observó: «Y aconteció que cuando se enteraron todos nuestros enemigos y *lo* vieron todas las naciones que *estaban* alrededor nuestro, desfalleció su ánimo; porque reconocieron que esta obra había sido hecha *con la ayuda de* nuestro Dios» (Neh. 6:16). Cuando Nehemías terminó su tarea, la muralla de Jerusalén estaba en pie nuevamente. ¡Las cosas habían mejorado en forma drástica!

Una prueba sencilla para determinar si alguien es un líder es esta: ¿las personas a su cargo han avanzado a un lugar mejor gracias a sus esfuerzos? Los padres podrían preguntarse: «¿Mis hijos se han transformado en adultos responsables, saludables y que aman a Dios?». Los pastores pueden pensar: «¿En qué condición está hoy mi iglesia si la comparo con lo que era cuando comencé a pastorearla?». Un empresario podría reflexionar: «He llevado adelante esta empresa durante cinco años. Cuando llegué, el personal estaba desanimado y la empresa no obtenía ganancias. ¿Cómo está funcionando hoy?». Los líderes eficaces llevan a las personas desde donde están hacia donde Dios las quiere.

Algunos líderes creen que son eficaces porque dan discursos apasionados. Sin embargo, sus organizaciones avanzan a duras penas. Otros suponen que están haciendo un buen trabajo porque se esfuerzan. No obstante, el trabajo arduo puede indicar un liderazgo pobre, en especial, si la salud de la organización no mejora. Otros piensan que son buenos líderes porque hacen planes de gran alcance y establecen objetivos impresionantes. Sin embargo, el liderazgo no se mide por lo que *quieres hacer*, sino por lo que *logras*.

En esto se distinguen los verdaderos líderes de los que no lo son. Los líderes genuinos no ponen excusas. Se hacen plenamente responsables de las personas que Dios les confió y evalúan si se han movilizado desde donde estaban hacia donde el Señor quiere que estén. Algunos pastores han visto cómo sus iglesias se reducen a un puñado de personas, pero siguen culpando a los demás por no seguir su liderazgo. Hay ejecutivos que ven cómo declinan las ganancias de la empresa hasta transformarse en pérdidas, mientras los mejores empleados se van a trabajar para la competencia. No obstante, insisten en que no es su culpa y acusan a los subordinados, la economía y las regulaciones gubernamentales. Dios no llama a los líderes a hacer solo lo mejor que pueden o a esforzarse. Espera que movilicen a las personas desde donde están hacia donde Él las quiere.

Dios conoce las circunstancias cuando llama a alguien a liderar. A veces, la situación es difícil. Quizás haya pocas opciones. Pero la pregunta que todo líder debe hacerse es esta: «¿Adónde quiere Dios que movilice a los que están a mi cargo? ¿Los he llevado allí?».

Si no movilizaste a las personas, no lideraste.

3. *Las personas*

Los líderes no movilizan organizaciones; movilizan personas. El liderazgo se trata fundamentalmente de las personas. A algunos los atraen las posiciones de liderazgo porque les gusta hablar en público, los desafíos o porque quieren avanzar en sus carreras. Sin embargo, no les gusta interactuar con personas. A algunos pastores les encanta predicar y estudiar la Biblia, pero no les gusta pasar tiempo con los miembros de la iglesia. Hay empresarios brillantes en su desempeño con la tecnología, pero siempre ofenden a sus compañeros de trabajo.

Puede haber problemas cuando se asciende a alguien a una posición de liderazgo porque tuvo éxito como seguidor. Ahora, tiene que relacionarse con personas a diario, pero no quiere o no está capacitado para hacerlo.

Así como los líderes tienen que decidir cómo liderarán, los seguidores deben decidir cómo seguirán y si lo harán. Si los líderes no han cultivado la confianza, la lealtad o el amor en los demás, las personas quizás no quieran seguirlos. Esto sucede de muchas maneras. Hay pastores que pueden ser predicadores fenomenales, pero se ven obligados a renunciar porque ofendieron a líderes de la iglesia. O, como en el caso de Steve Jobs, el fundador de Apple, que era un empresario brillante, pero su propia empresa lo despidió porque no tenía don de gentes. Margaret Thatcher fue muy exitosa como primera ministra de Gran Bretaña en la década de 1980. No obstante, terminó renunciando cuando su propio partido ya no quería seguirla. Los líderes nunca tienen que olvidar que guían con el consentimiento de su gente.

4. *Los planes de Dios*

Un último aspecto del liderazgo espiritual es que los líderes movilizan a las personas hacia los planes de Dios. Todos los líderes tienen planes que motivan sus esfuerzos. Algunos quieren acumular riquezas o alcanzar prestigio. Otros desean agradar a su jefe, a sus seguidores o sus accionistas.

Lo que distingue a los líderes espirituales de los demás es que Dios determina sus planes. Adolfo Hitler y José Stalin tenían planes, pero planes malvados. Estos hombres movilizaron a millones de personas a alinearse con sus objetivos, pero lo hicieron con fuerza bruta y resultados diabólicos.

Los líderes espirituales reconocen que son mayordomos de las personas que Dios les confió. Dios es el líder supremo y busca cumplir Sus propósitos, no los nuestros. Jesús expresó esta verdad al declarar: «En verdad, en verdad os digo que el Hijo no puede hacer nada por su cuenta, sino lo que ve hacer al Padre; porque todo lo que hace el Padre, eso también hace el Hijo de igual manera. Pues el Padre ama al Hijo, y le muestra todo lo que Él mismo hace» (Juan 5:19-20). Jesús fue el Hijo de Dios perfecto y sin pecado. Sin embargo, no iba en pos de

Sus propios planes. Por el contrario, Su Padre le reveló lo que tenía en el corazón y eso se transformó en los planes de Jesús.

Cuando queremos cumplir la voluntad de Dios, tenemos los recursos divinos a nuestra disposición. Si intentamos alcanzar nuestros propios objetivos y planes, tenemos que depender de nuestros propios recursos. Los líderes deben decidir si dedicarán la vida a alcanzar sus metas o la voluntad de Dios.

Para movilizar a las personas hacia los planes de Dios, ¡el líder tiene que saber cuáles son los planes de Dios! Esto puede suponer un desafío porque, como el Señor mismo declaró: «mis pensamientos no son vuestros pensamientos, ni vuestros caminos mis caminos —declara el Señor. Porque *como* los cielos son más altos que la tierra, así mis caminos son más altos que vuestros caminos, y mis pensamientos más que vuestros pensamientos» (Isa. 55:8-9). Las personas no piensan como Dios. Sin embargo, muchos líderes creen que sí lo hacen. Por ejemplo, un pastor puede llegar a una iglesia y empezar a implementar programas evangelizadores e impulsar proyectos de expansión. Sin embargo, la gente comienza a resistir los pedidos constantes de dinero y sacrificio. Cada vez más miembros se quejan de que el pastor no se interesa por ellos. Con el tiempo, le piden que renuncie. El pastor queda perplejo. Daba por sentado que Dios quería que la iglesia creciera y alcanzara a más personas. Creía que la única manera de hacerlo era construyendo un lugar más grande e implementando los mismos programas que había usado con éxito en la iglesia anterior. Ahora, queda desconcertado y no entiende por qué Dios no bendijo sus esfuerzos y la gente no respondió a su liderazgo.

Este pastor bienintencionado supuso que sus caminos eran idénticos a los de Dios. Actuó como si el Señor estuviera obligado a bendecir sus esfuerzos mientras estuviera haciendo la obra del reino. Pero el pastor no había buscado con afán la mente de Dios, así que no sabía cuáles eran Sus planes para esta congregación. Cuando Dios llamó a Samuel, declaró: «levantaré para mí un sacerdote fiel que hará conforme a *los deseos* de mi corazón y de mi alma» (1 Sam. 2:35). Los siervos fieles no son aquellos que hacen lo que pueden por Dios, sino los que hacen lo que está en el corazón y el alma del Señor. Para lograrlo, los líderes deben mantener una relación íntima con Dios y cultivar su vida de oración, permitiendo que el Señor les revele Su corazón.

Esta verdad se aplica a más que simplemente los pastores de iglesias. También es válida para los que lideran en vocaciones seculares. Dios usó a José para guiar a la nación egipcia que adoraba ídolos. Designó a Daniel para causar un impacto en los reinos de Babilonia y Persia. El Señor obra a través de personas de todos los ámbitos de la vida para dejar huella en la sociedad. Si eres un líder espiritual en el mercado, Dios tiene planes para que sigas.

Trabajamos con directores ejecutivos de grandes empresas de Estados Unidos. Su versículo lema es 1 Samuel 2:35. Dios espera que los empresarios sigan Sus planes. Los líderes corporativos están descubriendo que Dios puede usar su influencia para extender Su reino y bendecir a otros. El Señor tiene planes para cada líder espiritual, sin importar si guían a una familia, una iglesia, una empresa o una escuela.

Conclusión

A través de todas las épocas, Dios ha obrado por medio de personas para cumplir Sus propósitos. Hoy no es la excepción. Dios está obrando en todas las naciones. Sabe cómo atraer a las personas. Entiende cómo transformar sociedades. Dios está buscando personas que se rindan a Su voluntad para que pueda usarlas. ¿Estás dispuesto a renunciar a tus planes y abrazar la voluntad de Dios para tu familia, tu iglesia, tu empresa y tu nación? ¿Vivirás de tal manera que el Señor pueda usarte para cambiar el mundo?

Preguntas

1. ¿Te consideras una persona común y corriente? ¿Crees que Dios podría hacer CUALQUIER COSA a través de tu vida? ¿Cómo reflejan esta convicción tu vida y tu liderazgo?

2. ¿Qué planes tienes para tu familia, tu iglesia y tu empresa? ¿Son tuyos o de Dios?

3. ¿A qué personas estás movilizando desde donde están hacia donde Dios las quiere? ¿Cuán exitoso es tu liderazgo actual?

4. ¿Tu vida está causando sobre los demás el impacto que Dios quiere? ¿Dios querrá hacer más a través de tu vida de lo que está haciendo en este momento? Si así es, ríndete por completo a Él. ¡Hay demasiado en juego como para que vivas en desobediencia!

Capítulo 2

La preparación del líder

L a grandeza de una organización está directamente relacionada con la grandeza de sus líderes. Las organizaciones rara vez progresan más allá de sus dirigentes. Los líderes inseguros y egoístas desarrollan organizaciones inseguras y egoístas. Los líderes creativos, dinámicos y audaces desarrollan organizaciones creativas, dinámicas y audaces. La contribución más importante que puede hacer un líder a su organización es crecer personalmente. Los líderes que desean aumentar su capacidad para guiar e influir a más personas siempre están buscando crecer en lo personal y lo profesional.

Dios usa distintos medios para desarrollar líderes:

1. *El llamado de Dios*

La obra más importante que Dios hace para preparar a las personas para ser líderes espirituales es colocar Su llamado sobre sus vidas. El llamado principal de Dios es a Sí mismo. Jesús se acercó a Pedro, Andrés, Jacobo y Juan mientras estaban en sus barcos pesqueros y les dijo: «Seguidme, y yo haré que seáis pescadores de hombres» (Mar. 1:17). Jesús no les pidió simplemente que creyeran en Él o que aceptaran Sus enseñanzas. Los invitó a *seguirlo*. Su servicio fluyó de la relación que tenían con Cristo. Jesús les dijo a Sus discípulos: «Yo soy la vid, vosotros los sarmientos; el que permanece en mí y yo en él, ése da mucho fruto, porque separados de mí nada podéis hacer» (Juan 15:5). Más allá de tu esfuerzo y tu deseo de liderar, si no tienes una relación vigorosa, próspera e íntima con Cristo, *no puedes* producir fruto espiritual.

Los líderes cristianos suelen verse tentados a descuidar su relación con Cristo en su deseo de lograr algo para Él. Ese era el problema de Marta. Estaba tan ocupada sirviendo al Señor que dedicaba poco tiempo a estar con Él (Luc. 10:38-42). Marta trabajaba más que cualquier otra persona, pero estaba desorientada.

Si tienes una relación con Cristo, Él puede darte tareas. En general, empieza asignando tareas pequeñas. Si eres fiel con esas, tal vez te conceda cosas más grandes (Mat. 25:21,23). Aquellos a quienes Dios puso como líderes en general empezaron como seguidores fieles.

Dios siempre toma la iniciativa de invitarte a abordar una posición de liderazgo. Él sabe cuándo estás listo para una responsabilidad mayor. En general, es insensato ofrecerse para liderar. ¡Solemos sobrestimar nuestra disposición! El orgullo puede motivarnos a buscar posiciones de liderazgo para que los demás nos tengan en más alta estima o para obtener recompensas mayores. Lo mejor es que Dios nos invite a liderar, como hizo con Moisés, Gedeón, Pedro y Andrés.

El llamado de Dios tiene tres características importantes:

Primero, es *apremiante*. Cuando Dios te llama, es difícil resistir. Moisés creía que era incapaz de liderar, pero Dios desechó sus objeciones. Gedeón era el hijo más joven de la familia de menos influencia, pero de todas maneras Dios lo usó. Cuando el Señor te llama a liderar, debes aceptar Su invitación.

Segundo, otros *confirmarán* el llamado de Dios. Por ejemplo, hemos conocido personas que creían que Dios quería que fueran pastores. Sin embargo, los líderes de su iglesia no les encargaban que enseñaran en la escuela dominical ni que sirvieran en un comité. Si Dios te llama a Su servicio, lo más probable es que se los confirme a las personas que mejor te conocen.

Tercero, el llamado de Dios para tu vida será *convincente*. Si Dios te llamó a liderar, los resultados de tu liderazgo validarán ese llamado. Hubo personas que cuestionaron si Dios había llamado a José, Moisés, Gedeón y David a liderar. Sin embargo, con el tiempo, su éxito demostró que el Señor los había elegido y había bendecido sus esfuerzos. Si Dios te llama a una tarea, Él validará tu llamado por la forma en que use tu vida.

2. Las experiencias de la vida

Una de las principales maneras en que Dios desarrolla líderes es al formar su carácter con las experiencias de la vida. La clave para el crecimiento personal es la forma en que respondemos a cada experiencia.

En el hogar

La familia donde uno crece puede tener un papel importante en el desarrollo de un líder. Los niños que se crían en hogares con padres que los apoyan y los animan suelen llegar a la edad adulta con seguridad y optimismo. La bendición de un padre en la infancia se extiende a la vida adulta. Abraham bendijo a su hijo Isaac, y este se transformó en un patriarca de la fe. Jacob recibió una bendición de su padre Isaac. Al tiempo, recibió un nuevo nombre, Israel, como se conocería al pueblo de Dios a partir de entonces. Por otra parte, Ismael no recibió una bendición de su padre Abraham y, desde ese momento, sus descendientes vivieron en oposición a los de Isaac. Esaú no recibió la bendición paterna y, en respuesta, rechazó los valores, las creencias y las promesas de su padre (Gén. 28:6-9; Mal. 1:2-3).

En la sociedad de hoy, la ausencia de una bendición se ha transformado en una epidemia. Muchos niños crecen sin un padre en el hogar, o sufren abuso y abandono. Como resultado, se convierten en adultos que llevan a cuestas heridas e inseguridades. Hemos conocido pastores que hacían un excelente trabajo en sus iglesias, pero que luchaban con sus inseguridades porque nunca habían recibido una bendición de su padre. La manera en que los padres ven a sus hijos suele encauzar a los niños en determinada dirección en la vida, ya sea para mal o para bien. En Estados Unidos, el 70% de los niños cuyo padre está en la prisión termina encarcelado también.[1] Es interesante que, cerca del final de su vida, el rey David le dijo a su hijo Salomón: «porque eres hombre sabio» (1 Rey. 2:9). David pronunció estas palabras de bendición antes de que Dios le ofreciera a Salomón darle cualquier cosa que le pidiera (1 Rey. 3:5). ¿Por qué Salomón le pidió a Dios sabiduría? (1 Rey. 3:9). Quizás porque su padre ya le había dicho que era sabio. Como resultado, actuó con sabiduría.

Para bien o para mal, el hogar donde uno se cría juega un papel importante en el carácter. Esto no significa que las personas que crecen en familias difíciles no pueden ser transformadas por la gracia de Dios en líderes exitosos. Sin embargo, tal vez tengan que superar diversos desafíos para convertirse en el líder que Dios desea.

Una vez, conocimos a un excelente pastor en Brasil. Su padre y su abuelo habían sido alcohólicos que derrocharon su dinero en la bebida. Este hombre era un padre y esposo irresponsable, tal como habían sido su padre y su abuelo. A su esposa le costaba comprar alimentos para sus hijos. Un cristiano invitó a la mujer a asistir a un estudio bíblico y, pronto, ella y sus hijos se hicieron cristianos. La iglesia se acercó al esposo hasta que, por fin, él aceptó a Cristo como su Salvador. Empezó a asistir a un estudio bíblico y a las reuniones dominicales todas las semanas. Se volvió tan fiel en su grupo casero que, con el tiempo, le asignaron el liderazgo. Más adelante, pasó a supervisar diez grupos caseros. Con el tiempo, terminó dirigiendo 500 grupos caseros y lo contrataron como parte del personal de la iglesia. Sus hijos crecieron y se transformaron en magníficos jóvenes cristianos. Este hombre decidió rechazar la influencia negativa de su crianza y permitir que Dios lo transformara en un líder cristiano sumamente eficaz.

Nuestro pasado nos afecta, pero no nos define. Por la gracia de Dios, podemos superar nuestro pasado. O podemos abrazar una herencia piadosa y edificar sobre ella. Los líderes sabios permiten que Dios use su pasado, tanto lo bueno como lo malo, como pilares para construir al líder que Él quiere usar.

Fracasos y victorias

Una segunda área importante de la vida que Dios usa para desarrollar líderes son sus victorias y fracasos. A menudo, Dios permite que las personas triunfen temprano en la vida para desarrollar sus habilidades de liderazgo. Dios permitió que José interpretara sueños sobre el futuro cuando tenía 17 años (Gén. 37:1-11). Más adelante, mientras estaba en la cárcel, José interpretó los sueños de otros presos (Gén. 40). Estas victorias tempranas llevaron a que José interpretara correctamente los sueños de Faraón. Como resultado, José llegó a la posición de gobierno más importante de Egipto. David se hizo famoso cuando mató a Goliat, el gigante feroz que aterrorizaba a la nación (1 Sam. 17). Sin embargo, antes de enfrentarse a la bestia filistea, David había peleado con éxito contra un león y un oso (1 Sam. 17:36). Como Dios lo había salvado de bestias salvajes, David tenía la seguridad de que también le daría la victoria sobre el gigante. El éxito temprano en las vidas de José y David los preparó para victorias más grandes en el futuro.

Los líderes exitosos suelen tener una trayectoria de victorias tempranas. Quizás fueron capitanes de su equipo de fútbol, o los eligieron para un cargo estudiantil en la escuela. Como aprendieron a liderar en la juventud, afilaron esas habilidades en la adolescencia y la etapa universitaria, hasta que llegaron a transformarse en líderes adultos exitosos. El liderazgo espiritual supone un proceso de aprendizaje y crecimiento a lo largo del tiempo.

Nuestros fracasos pueden enseñarnos más sobre el liderazgo que nuestras victorias. Cuando experimentamos el éxito, podemos volvernos orgullosos y suponer que nos queda poco por aprender. Las personas exitosas suelen ofrecer consejo en lugar de pedirlo. Sin embargo, cuando fracasamos, nos volvemos humildes y tenemos la motivación de aprender para no volver a fallar.

Moisés es un buen ejemplo de esta verdad. La Escritura indica: «Y Moisés fue instruido en toda la sabiduría de los egipcios, y era un hombre poderoso en palabras y en hechos. [...] Pensaba que sus hermanos entendían que Dios les estaba dando libertad por medio de él» (Hech. 7:22,25). En las primeras etapas de su vida, Moisés disfrutó de una educación extraordinaria y una preparación para el liderazgo nacional. Esto fomentó su confianza en sí mismo. Supuso que sus compatriotas reconocían su capacidad de liderazgo. Además, lo llevó a intervenir cuando vio un problema y cometió un homicidio (Ex. 2:11-15). Esta arrogancia le costó a Moisés vivir 40 años como un fugitivo. Cuando, con el tiempo, Dios lo invitó a liberar a los israelitas del cautiverio, Moisés respondió: «Por favor, Señor, nunca he sido hombre elocuente, ni ayer ni en tiempos pasados, ni aun después de que has hablado a tu siervo; porque soy tardo en el habla y torpe de lengua» (Ex. 4:10). ¿Qué sucedió? Moisés había asistido a las mejores escuelas de Egipto y se había vuelto orgulloso. Pero, cuando lo inscribieron en la escuela de Dios, del fracaso aprendió humildad. Ya no daba por sentado que podía guiar al pueblo con su propia fuerza y sabiduría. Dios usó el fracaso para enseñarle a Moisés a depender completamente de Él. Por fin, Moisés estaba preparado para que Dios lo usara con poder.

Los líderes exitosos deciden aprender de sus errores en lugar de permitir que estos los definan. ¡Un error no tiene por qué ser el final de la historia! Sin embargo, si no aprendes de tus errores, estás destinado a repetirlos. Los líderes sabios examinan cada error y permiten que el Señor les enseñe sobre sí mismos, sus cualidades de liderazgo, las otras personas y Dios. Si has experimentado el fracaso, no permitas que eso te desmoralice. Por el contrario, corre a la presencia de Dios y pídele que te enseñe lecciones que quizás no aprendas de otra manera.

3. Habilidades personales

Habilidades

Dios desarrolla habilidades en los líderes para poder usarlas para Sus propósitos. Mientras practicaba con su honda cuando era pequeño, David no tenía idea de que, un día, ¡esa destreza le salvaría la vida en un campo de batalla frente a un gigante! Saulo de Tarso desarrolló sus habilidades de razonamiento en la escuela de Gamaliel para poder transformarse en un prominente fariseo. Nunca imaginó que esa aptitud legal le serviría para escribir brillantes obras teológicas como la carta a los Romanos para la iglesia cristiana (Hech. 22:3).

No es nada sorprendente que, cuando Dios decidió dejar por escrito Su propia ley, eligió a Moisés, el hebreo con mejor educación del Antiguo Testamento. De la misma manera, Pablo escribió los libros doctrinales más exhaustivos del Nuevo Testamento. Él también era el apóstol más educado. Dios puede preparar a todos para Su servicio, pero suele usar las habilidades y aptitudes de las personas. Es importante que los siervos de Dios desarrollen la mayor cantidad de habilidades posibles para que tengan mucho para ofrecer al servicio de su Señor.

Los grandes líderes desarrollan y perfeccionan constantemente sus habilidades. El autor de Proverbios declaró: «¿Has visto un hombre diestro en su trabajo? Estará delante de los reyes; no estará delante de hombres sin importancia» (Prov. 22:29). Josué se entrenó como el asistente de Moisés durante 40 años antes de transformarse al fin en el líder del pueblo. Eliseo se preparó con Elías antes de convertirse en el prestigioso profeta de la nación. Los discípulos pasaron tres años aprendiendo a los pies de Jesús antes del comienzo de la Iglesia (Mat. 10).

Es tentador suponer que los líderes brillantes nacen con una inteligencia o habilidades superiores que les permiten triunfar. Sin embargo, al estudiar a aquellos que han tenido un impacto profundo en la historia, vemos que esos líderes en general eran personas comunes y corrientes que desarrollaban continuamente nuevas habilidades y perfeccionaban las que ya tenían. Los líderes espirituales sirven al Rey de reyes y deben darle lo mejor que tienen.

Dios desarrolló a Elías

La mejor manera de entender cómo Dios desarrolla líderes es examinar cómo obró en las vidas de las personas en la Biblia. Dios no cambia (Mal. 3:6). La forma en que preparó a Moisés, David y Pedro es la misma que usará para tu vida. Tienes que aprender cómo obra Dios para reconocer Su actividad en tu vida (Isa. 55:8-9).

Considera cómo preparó Dios al profeta Elías. Cuando pensamos en la vida de Elías, nos viene a la mente su valiente desafío a 850 falsos profetas en el monte Carmelo (1 Rey. 18:16-41). A menos que cayera fuego del cielo cuando orara, Elías sabía que lo matarían antes del anochecer. Sin embargo, oró con confianza pidiendo un milagro y cayó fuego del cielo. Elías degolló a los profetas malvados y el pueblo exclamó: «El Señor, Él es Dios» (1 Rey. 18:39). Este fue un triunfo enorme que, hasta el día de hoy, resuena en los corredores de la historia.

En 1 Reyes 17:1, vemos a Elías por primera vez. Observa cómo, en el transcurso de un solo capítulo, Dios lo preparó para su gran tarea. «Entonces Elías tisbita, *que era* de los moradores de Galaad, dijo a Acab: Vive el Señor, Dios de Israel, delante de quien estoy, que ciertamente no habrá rocío ni lluvia en estos años, sino por la palabra de mi boca». Elías era de la insignificante ciudad de Tisbé. Anunció su acreditación y su mensaje. «delante de quien estoy» era la única acreditación del profeta. No mencionó ningún título académico. No tenía ascendencia aristocrática. Su único fundamento para ministrar era que venía de la presencia de Dios. Eso era suficiente. Como había estado ante Dios, Elías conocía Sus pensamientos. Todo aquel que esté dispuesto a entrar en la santa presencia de Dios puede aducir una autoridad similar.

Elías declaró el mensaje de su vida: «Vive el Señor, Dios de Israel». Cada vez que Elías hablaba, este era el centro de su mensaje. No solo lo predicaba, sino que también lo vivía.

Dios le dio a Elías una tarea difícil. Tenía que predicarle al rey Acab y comunicar un mensaje impopular: ya no llovería. Esto era terrible para una sociedad agrícola. Los agricultores dependían de la lluvia para sobrevivir. Por eso, muchos israelitas, neciamente, habían abandonado a Dios y habían empezado a adorar a Baal. Se suponía que Baal controlaba la lluvia. Sin embargo, a este dios no le importaban las consideraciones morales. Mientras le dieras lo que exigía, él te otorgaría lo que desearas. Entonces, Dios decidió humillar al dios de la tormenta. Lo cierto es que Dios es el enemigo implacable de cualquier cosa en nuestra vida que quiera tomar el lugar que le corresponde a Él.

Lo que complicó la tarea de Elías fue su audiencia. Sobre Acab, la Escritura revela: «Acab hizo más para provocar al Señor, Dios de Israel, que todos los reyes de Israel que fueron antes que él» (1 Rey. 16:33). A pesar de esta tarea intimidante, Elías fue completamente obediente.

¿Cómo esperarías que Dios tratara a un siervo que cumplió Sus órdenes a la perfección? La Escritura declara: «Y vino a Elías la palabra del Señor, diciendo: Sal de aquí y dirígete hacia el oriente, y escóndete junto al arroyo Querit, que está al oriente del Jordán» (1 Rey. 17:2-3). ¿Cuándo le habló Dios a Elías? Después de que obedeció lo que Él le había indicado. Dios instruyó a Su siervo fiel que huyera y se escondiera en el campo. El lugar estaba tan desierto que los cuervos tenían que llevarle alimento dos veces al día. Esto no parece justo. Elías había obedecido lo que Dios le indicó y, como resultado, se vio forzado a vivir en el desierto. A menudo, suponemos que las personas entran a un desierto porque desobedecieron. Los hijos de Israel pasaron 40 años en uno debido a su falta de fe. La verdad es que Dios obra en nosotros de una manera sin igual cuando estamos en un desierto. Jesús obedeció a Su Padre a la perfección; sin embargo, el Espíritu Santo lo llevó a un desierto durante 40 días (Mar. 1:12).

Desde una perspectiva humana, parece un desperdicio para un profeta de su calibre. Elías era un predicador intrépido, obediente y confiable. No obstante, su segunda tarea fue permanecer fiel en el desierto. Elías aceptó la soledad que el Señor le asignó. Primero, fue fiel en una tarea difícil. Segundo, fue fiel en el desierto.

Con el tiempo, el arroyo que le proveía agua a Elías se secó (1 Rey. 17:7). «Vino después a él la palabra del Señor» (1 Rey. 17:8). ¿Cuándo fue la próxima vez que Dios le habló a Elías? ¡Exactamente cuando él necesitaba escucharlo! ¿Acaso no podría haberle hablado a Elías antes de que se secara el arroyo? Por supuesto. Sin embargo, Dios permitió que su sediento siervo observara cómo el agua se reducía a un chorrito y terminaba secándose por completo. Elías aprendió que Dios no siempre habla cuando queremos, pero sí lo hace cuando lo necesitamos.

El Señor le dijo a Elías que se fuera a Sarepta, una ciudad cerca de Sidón. Allí, una viuda lo cuidaría. Seguramente, esta orden le resultó extraña a Elías. La región que rodeaba Sidón era el centro del culto a Baal. La reina Jezabel había nacido en Sidón. Uno pensaría que, en la condición débil de Elías, Dios lo enviaría a una zona segura dentro de Israel. En cambio, sin agua ni alimento, Dios le indicó que se metiera en el centro del territorio enemigo.

Para empeorar las cosas, designó a una viuda pobre para que se ocupara de Su siervo. Las viudas estaban entre las personas más débiles y vulnerables de la sociedad. Uno pensaría que Dios podía encontrar a una persona justa en alguna parte con los recursos suficientes como para proveer para Su profeta. Sin embargo, el Señor eligió a una mujer a la que no le alcanzaba el alimento para ella y su único hijo. Cuando Elías le pidió un bocado de pan, ella respondió: «Vive el Señor tu Dios, que no tengo pan, sólo *tengo* un puñado de harina en la tinaja y un poco de aceite en la vasija y estoy recogiendo unos trozos de leña para entrar y preparar*lo* para mí y para mi hijo, para que comamos y muramos» (1 Rey. 17:12). ¿Imaginas lo difícil que fue para Elías pedirle a una mujer que estaba preparándose para morir de hambre que le hiciera pan para comer? Además, esta mujer adoraba a Baal, no seguía a Dios. Seguramente, parecía absurdo pedirle a una viuda gentil que adoraba a Baal que cediera lo último que le quedaba para comer a un extranjero. Sin embargo, así fue como Dios decidió proveer para Elías.

Elías había sido fiel con una tarea difícil. Después, fue fiel en el desierto. Y ahora, fue fiel en tiempo de necesidad. En el transcurso de tres años, Elías habitó en un desierto y luego en la casa de una viuda pobre. Aunque era el profeta más grande de su época, durante tres años, su única tarea de parte de Dios fue orar por su sustento, día tras día. Desde nuestra perspectiva, parecería un desperdicio para un talentoso siervo de Dios pasar tanto tiempo con la única tarea de esperar la provisión divina. No es probable que Elías haya predicado o aparecido en público en una tierra hostil a su fe. Su única audiencia era una viuda pobre y su hijo.

Después de tres años de exilio, Elías quizás haya pensado que su situación no podía empeorar. ¡Pero se habría equivocado! El muchacho con el que vivía murió de una enfermedad grave. La madre afligida acusó al profeta: «¿Qué tengo que ver contigo, oh varón de Dios? Has venido para traer a memoria mis iniquidades y hacer morir a mi hijo» (1 Rey. 17:18). ¿Imaginas el dolor que sintió Elías? Durante tres años, le había asegurado a esta mujer que Yahvéh era el Dios verdadero y que Él la cuidaba. Podríamos suponer que Dios bendeciría al hijo de la viuda con una fuerza y una salud excepcionales para que el Dios de Elías quedara reivindicado. Es interesante que, aunque hospedaba al profeta más grande de esa época, la viuda no creía en su Dios.

Elías llevó al muchacho y lo acostó sobre su cama. «Clamó al Señor y dijo: Oh Señor, Dios mío, ¿has traído también mal a la viuda con quien estoy hospedado haciendo morir a su hijo?» (1 Rey. 17:20). El profeta había estado en una travesía difícil durante tres años. Después de predicar con fidelidad un sermón impopular, su recompensa había sido huir al desierto. Había sido fiel en el desierto y su única fuente de agua se había secado. Con devoción, había esperado en el Señor mientras se quedaba en la casa de una adoradora de Baal y, ahora, el único hijo de la viuda había muerto. Parecía ser que, cada vez que Elías obedecía a Dios, sus circunstancias empeoraban.

Elías clamó al Señor. Había orado antes, pero es la primera vez que se menciona que clamó a Dios. ¡Hay una diferencia importante entre orar y clamar! Elías se tendió sobre el muchacho sin vida tres veces (1 Rey. 17:21). ¿Por qué lo hizo tres veces? ¡Probablemente, porque esa fue la cantidad de veces que necesitó! Elías estaba decidido a seguir clamando a Dios hasta que respondiera sus oraciones.

La Escritura afirma: «El Señor escuchó la voz de Elías» (1 Rey. 17:22). ¿Qué significa esto? No debemos suponer que todas las oraciones que pronunciamos son aceptables para Dios. Hay ciertas oraciones a las que el Señor cierra Sus oídos (Sal. 66:18). Además, hay oraciones que Dios oye, pero que elige no conceder. Pero también, hay oraciones que se claman a Dios desde labios humildes, desesperados y justos, y al Señor le agrada oírlas. Cuando Dios escucha estas oraciones, concede el pedido. El muchacho volvió a la vida. Elías lo tomó en sus brazos y se lo llevó a la madre. ¿Imaginas con qué alegría y alivio declaró el profeta: «Mira, tu hijo vive» (1 Rey. 17:23)? La mujer respondió feliz: «Ahora conozco que tú eres hombre de Dios, y que la palabra del Señor en tu boca es verdad» (1 Rey. 17:24). A primera vista, resulta extraño. Durante tres años, al acudir al estante de su cocina, esta mujer había encontrado suficiente harina y aceite para preparar otra comida, aunque nunca reponía los ingredientes. Había experimentado milagros a diario mientras hospedaba al profeta. Sin embargo, hasta que no pasó su crisis más severa, no confió en Dios. El Señor permite que las personas experimenten lo que sea necesario para llevarlas a Él.

¿Acaso Él le había quitado la vida al muchacho? No es probable. Dios sabía que el chico contraería una enfermedad fatal y, posiblemente, esto haya formado parte de Su plan para traer salvación a esta casa gentil. Dios envió a Su profeta más importante hasta Sarepta para que, cuando esta mujer sufriera esta agonizante tragedia, ¡el mayor hombre de Dios sobre el planeta fuera su huésped! La tarea principal de Dios para Elías siempre había sido llevar a la nación de Israel a arrepentirse de sus pecados. Sin embargo, Dios amaba tanto a esta viuda idólatra que llevó a Su profeta escogido a su casa para poder brindarle la salvación como parte del plan más amplio de Dios. Elías aprendió a no pasar por alto a las personas comunes y corrientes mientras llevaba a cabo sus tareas principales.

¿Notaste la progresión por la que guió Dios a Elías? Primero, le dio una tarea difícil. Después, le pidió que fuera fiel en un desierto. A continuación, le exigió fidelidad en medio de una gran necesidad. Y, por último, puso a Elías en la posición de confiar en que Dios haría un milagro. Cada tarea fue más difícil que la anterior. Cada una llegó después de que Elías probó su fidelidad. Desde una perspectiva humana, las circunstancias del profeta se volvieron cada vez más difíciles. Desde la posición estratégica del cielo, la fe de Elías lo hizo madurar hasta que estuvo listo para que Dios lo usara con poder para impactar la nación.

¿Dónde encontramos a Elías en el capítulo 18? En el monte Carmelo, parado frente a una nación descarriada liderada por un rey malvado. Mientras Israel observaba, Elías oró con confianza y le pidió a Dios que enviara fuego del cielo. ¡Y el fuego cayó! ¿Cómo podía Elías estar seguro de que, cuando orara, caería fuego? Estaba seguro porque había pasado los últimos tres años en la escuela de Dios de la oración. El Señor había despojado a Elías de todo menos de la oración. Después de tres años, el profeta sabía que, cuando clamara a Dios, Él lo escucharía y respondería.

Hoy, hay muchos que asumirían con gusto el rol de Elías por su nación. Pero hay muchos menos dispuestos a soportar la preparación necesaria para semejante tarea. Dios no apresura el desarrollo de Sus siervos. Siempre obra *en* nosotros antes de hacerlo *a través* de nosotros. ¿Quieres que el Señor obre con poder a través de tu vida? ¿Estás preparado para pagar el precio necesario? La Escritura declara: «Porque los ojos del Señor recorren toda la tierra para fortalecer a aquellos cuyo corazón es completamente suyo» (2 Crón. 16:9).

Preguntas

1. ¿Cómo puede usar Dios tu pasado para prepararte para que lo sirvas hoy? ¿Qué han aportado tu vida en el hogar, tus victorias y tus fracasos al líder que eres hoy?

2. ¿Has sido fiel en las tareas pequeñas? ¿Cómo afectará esto tus tareas más grandes?

3. ¿Has tenido experiencias similares a las de Elías mientras servías al Señor? ¿Cómo has manejado las tareas difíciles que Dios te asignó? ¿Cómo abordaste las experiencias en el desierto? ¿Cómo manejaste las necesidades financieras y de otro tipo mientras servías al Señor? ¿Has confiado en que Dios haga milagros?

4. ¿En qué áreas de tu vida Dios todavía quiere obrar antes de que estés preparado para una tarea mayor? ¿Estás listo para pagar cualquier precio que sea necesario para que tu vida pueda servir al máximo a Dios?

Capítulo 3

La visión del líder

roverbios declara: «Donde no hay visión, el pueblo se desenfrena» (Prov. 29:18). Una visión clara permite que todos en una organización sepan en qué dirección avanzan. Además, ayuda a los líderes a medir su eficacia.

Los líderes de hoy suelen reconocer la importancia de la visión. Cuando las empresas o las iglesias entrevistan a posibles líderes, a menudo preguntan: «¿Cuál es tu visión para la organización?». Se espera que los líderes tengan una visión para su organización, ya sea que lleven adelante una iglesia, una empresa o una agencia gubernamental. La visión colectiva se resume en una declaración de objetivos que identifica el propósito y el centro de la organización.

A veces, las visiones agresivas han llevado a algunas organizaciones a emprender enormes proyectos. A través de la historia, la gente ha sido impulsada por visiones de conquistar territorios, explorar tierras desconocidas, colocar al hombre en la luna, curar enfermedades, bajar las tasas de crimen o reducir la indigencia. Cuanto más grande es la visión, más inspira a las personas a la acción.

El aspecto clave de la visión es su fuente. Una de las diferencias fundamentales entre los líderes seculares y los espirituales es la manera en que desarrollan y comunican la visión colectiva. A continuación, veremos ocho de las fuentes más comunes que les sirven a los líderes para desarrollar una visión o un plan para su organización.

1. Porque está ahí

En 1924, George Mallory, el hijo de un lord británico, decidió escalar hasta la cima todavía no conquistada del monte Everest. Cuando un reportero le preguntó por qué intentaría escalar la formidable montaña, Mallory respondió: «Porque está ahí». El 8 de junio, se divisó por última vez al hombre de 38 años y padre de 3 hijos pequeños escalando con dificultad el Everest junto con su compañero Andrew Irvine. Setenta y cinco años más tarde, un equipo estadounidense de alpinismo descubrió el cuerpo de Mallory. Este hombre sacrificó su vida en un intento de lograr algo innecesario.[2]

Una cosa es arriesgar la vida en busca de un sueño y otra muy diferente es que los líderes lleven a sus organizaciones en una búsqueda desorientada solo porque se presenta una oportunidad. La única visión que tienen algunos líderes para sus organizaciones es hacer lo que siempre han hecho o abordar los obstáculos que tienen frente a ellos. No consideran las ramificaciones a largo plazo ni las posibles alternativas. Valoran la acción antes que los planes diligentes. Suponen que cualquier respuesta es mejor que permanecer quietos. Por lo tanto, cuando se presenta una oportunidad, salen a la carga con imprudencia. Estos líderes asumen compromisos insensatos que ponen en riesgo la salud de su organización.

A los líderes que apoyan este enfoque impulsivo de la visión, se los puede identificar por su trayectoria. Empiezan programas nuevos, aprueban proyectos de edificación o contratan personal adicional simplemente porque surge la oportunidad. Entre los cristianos, esto suele conocerse como «puertas abiertas». Como surge una oportunidad, la persona supone que seguramente es la voluntad de Dios. Este enfoque del liderazgo carece de discernimiento. Para establecer la voluntad de Dios, se necesita más que simplemente suponer que cada oportunidad es una invitación divina.

2. La duplicación del éxito

Un medio que generalmente usan los líderes modernos para determinar su visión es copiar éxitos anteriores. Pueden hacerlo de dos maneras. La primera es intentar repetir sus logros previos. Por ejemplo, a una congregación le preocupa que no esté alcanzando a su comunidad. Los líderes de la iglesia llaman a los miembros a pasar dos meses orando y buscando la guía de Dios para evangelizar a los vecinos del barrio. Después de dos meses, los miembros se reúnen.

Tras mucha oración y debate, la congregación determina que Dios los está guiando a realizar una actividad evangelizadora especial el primer domingo de enero. Ese día, toda la congregación marcha por las calles del vecindario, invitando a las personas a su iglesia. Algunos miembros tocan instrumentos musicales. Otros llevan carteles que anuncian los horarios de reunión de la iglesia. Y otros saludan a las personas y reparten invitaciones. El domingo siguiente, una cantidad sin precedente de visitantes asiste a la reunión. Todos concuerdan en que la actividad de Año Nuevo fue la más exitosa en la historia de la congregación.

El dilema: ¿qué hace la iglesia *al año siguiente*? Probablemente, ¡el desfile de evangelización se transforme en un evento anual! ¿Por qué? ¡Porque tuvo éxito! Pero ¿*por qué* fue así? ¿Habrá sido porque la iglesia descubrió que el secreto para alcanzar a los vecinos del barrio era realizar una marcha? No. La clave fue que la iglesia buscó la guía de Dios. Actuó según lo que el Señor indicó y Él bendijo sus esfuerzos. Sin embargo, hay una segunda pregunta: ¿la iglesia pasará la misma cantidad de tiempo orando por una segunda marcha de evangelización como hizo por la primera? Tal vez no. ¿Por qué? Porque no siente la necesidad de orar, ahora que sabe que «funcionó».

Es irónico que el éxito pueda ser más peligroso para una organización que el fracaso. Cuando fallamos, la humillación que experimentamos nos lleva a buscar la guía de Dios. El fracaso nos motiva a orar mucho más que el éxito. El éxito suele inundarnos de confianza. Un éxito moderado es incluso más letal porque ofrece apenas la cantidad necesaria de progreso como para ser atractivo, pero no lo suficiente como para hacer avanzar significativamente a la organización. Funciona como un opiáceo que seda a los líderes y no les permite realizar los cambios importantes que se requieren.

En todas las Escrituras, Dios rara vez obró de la misma manera dos veces. La actividad divina siempre fue única para las personas y las circunstancias del momento. Las iglesias suponen erróneamente que, como Dios obró con poder de determinada manera en el pasado, obrará de la misma manera hoy. Por ejemplo, hay una sola instancia en la Biblia en la que Dios le dijo al pueblo que marchara alrededor de la ciudad para conquistarla (Jos. 6:1-5). Aunque el pueblo de Dios enfrentaría muchas batallas, el Señor nunca más le indicó que usara ese método. Al servir a Dios, la clave siempre es Dios, no un método.

Aunque es imprudente que copies tu propio éxito anterior, un segundo enfoque es duplicar el logro de otra persona. Las empresas lo hacen todo el tiempo. Si una compañía tiene éxito, las demás intentan copiar sus métodos para lograr resultados similares. Las iglesias también lo hacen. Si una congregación crece, los pastores de otras iglesias estudian sus métodos. Pronto, otras congregaciones imitan a la primera para poder crecer de la misma forma. Lo que los pastores suelen olvidar es que la clave para el éxito de una iglesia nunca es un método, sino Cristo, quien les dio el método. Cristo dijo que edificaría Su iglesia (Mat. 16:18). Si las congregaciones buscan la voluntad de Dios, la Cabeza de la Iglesia las guiará a saber cómo alcanzar a su comunidad. Sin embargo, cuando las iglesias confían en un método, en una tecnología o en el éxito de otras personas, practican la idolatría. Están confiando en las personas en lugar de confiar en Dios. Y este es un camino seguro al fracaso (Prov. 21:5b).

3. La vanidad

Aunque no es evidente al principio, la vanidad motiva a muchos líderes. Los líderes de empresas pueden actuar por el deseo de mejorar su propia reputación, avanzar en su carrera o enriquecerse, en lugar de hacerlo para beneficiar a la compañía. Los pastores pueden guiar a sus iglesias a un crecimiento abrupto en cantidad o a empezar nuevos programas, no porque perciban que Dios los está llevando a eso, sino para mejorar su categoría como predicadores. Este liderazgo egocéntrico puede enmascararse fácilmente detrás de afirmaciones como «glorificar a Dios» y «alcanzar a los perdidos». Pero, en realidad, el crecimiento de la iglesia solo alimenta el orgullo del líder. Incontables organizaciones se han desmoronado con líderes a quienes solo los motivaba la vanidad en lugar de la visión.

Por ejemplo, un pastor quería construir la iglesia más grande de la ciudad, así que modernizó los servicios para atraer a las familias más jóvenes. Después, llevó a la organización a un programa costoso de edificación para tener el complejo más atractivo de la ciudad. A los que cuestionaban, se los expulsaba de la iglesia por resistir la autoridad del pastor. Muchos miembros antiguos se fueron de la iglesia incómodos con su dirección. La congregación ya no tuvo los fondos necesarios para cubrir la enorme deuda que tenía. Cuando se hizo claro que la visión del pastor estaba arruinando a la iglesia, él sintió de pronto que Dios lo llamaba a renunciar a esa congregación y comenzar un ministerio nuevo. Dejó que la iglesia pagara por su visión errónea. A estas personas, les interesa más mejorar su reputación que glorificar el nombre de Dios. El pueblo de Dios puede hacer grandes sacrificios para apoyar la obra del Señor, pero está mucho menos dispuesto a dedicar tiempo, dinero y esfuerzo simplemente para que su líder tenga éxito.

4. *La necesidad*

Una base popular para desarrollar la visión se concentra en las necesidades percibidas. Las organizaciones realizan encuestas y preguntan cuáles son las necesidades principales de la gente. Entonces, desarrollan productos para satisfacer esas necesidades. Aunque esta ha sido una práctica provechosa para las empresas seculares, las organizaciones cristianas favorecen cada vez más un enfoque basado en necesidades para determinar su visión. Las iglesias sondean a sus comunidades para descubrir las inquietudes de las personas. Después, desarrollan programas para satisfacer esas necesidades.

La ventaja de este enfoque es evidente. Las organizaciones se sienten relevantes si saben que están proporcionando lo que las personas quieren.

Sin embargo, las organizaciones cristianas deben tener cuidado de apoyar sus ministerios exclusivamente en la satisfacción de necesidades expresadas por la comunidad. Aunque las iglesias tienen que ser sensibles a las inquietudes de los demás, una necesidad expresada no equivale a un llamado divino. Es más, cuando las iglesias sondean sus vecindarios, suelen hablar con no creyentes. Las personas que no han nacido de nuevo no entienden sus necesidades espirituales. Una iglesia que sondeaba a su comunidad descubrió que la necesidad que más expresaba la gente era que se construyera un puente para proporcionar un acceso más fácil al distrito comercial. Quedó claro que la iglesia no podía responder a la necesidad más importante que expresaba la comunidad.

Los no creyentes pueden reconocer los síntomas del mal en la sociedad, pero en general no entienden la causa. Por ejemplo, cuando los padres dirigen a sus familias según normas mundanas, sus hijos quizás prueben tentaciones mundanas. Los padres pueden suponer que lo que necesitan es un centro recreativo en la comunidad para mantener a los adolescentes lejos de la calle. En realidad, lo que necesitan es criar a sus hijos según principios bíblicos. La visión que se apoya en necesidades no solo permite que los no creyentes tomen las decisiones para la iglesia, sino que también tienta a las congregaciones a concentrarse en los síntomas en lugar de en las causas.

La tarea de Dios para una iglesia quizás no incluya satisfacer todas las necesidades que se expresan en el vecindario. Dios capacita a cada iglesia para determinadas tareas (1 Cor. 12:12-31). Una congregación debe descubrir su visión buscando la guía de Dios, no preguntando la opinión de la gente. A menudo, si la visión de la iglesia depende de la necesidad, los cristianos descuidan su relación con la Cabeza de la Iglesia, mientras concentran su energía en organizar encuestas y responder a la opinión de la gente. Jesús habló de este problema cuando María tomó medio litro de un perfume carísimo y lo derramó sobre Sus pies. Judas estaba indignado. «¿Por qué no se vendió este perfume por trescientos denarios y se dio a los pobres?», preguntó. Jesús respondió: «Porque a los pobres siempre los tendréis con vosotros; pero a mí no siempre me tendréis» (Juan 12:5,8). Una relación con Jesús es más importante que satisfacer las necesidades temporales de las personas. Las acciones de Jesús no dependían de lo que las personas querían, sino de dónde veía Él que Su Padre estaba obrando (Mar. 1:23-39; Luc. 19:1-10; Juan 5:17,19-20). Si la visión se establece clasificando resultados de encuestas, una relación con el Padre celestial es innecesaria.

La iglesia que se concentra en servir a Dios inevitablemente satisface las necesidades de la gente. Sin embargo, cuando las iglesias se concentran en las carencias de las personas, suelen perder de vista a su Señor. Centrarse en las necesidades es concentrarse en los problemas. Centrarse en Cristo nos concentra en las posibilidades. Los líderes espirituales reconocen que hay necesidades y problemas mucho más grandes de lo que pueden resolver. Por lo tanto, la clave es buscar el corazón y las prioridades de Dios.

5. Los recursos disponibles

Algunas organizaciones se inclinan hacia ciertas actividades o prioridades porque hay recursos disponibles como mano de obra, finanzas y equipos. Los programas de la iglesia suelen impulsarse de esta manera.

• A una iglesia le informan que su denominación está distribuyendo ejemplares del Nuevo Testamento para repartir entre la comunidad. La iglesia decide pedir 1000 unidades y moviliza a sus miembros para distribuirlas.

• Una agencia misionera pone predicadores a disposición para llevar a cabo reuniones de avivamiento. Una iglesia acepta a uno de los oradores y programa una reunión.

• Una agencia misionera internacional ofrece materiales gratuitos si la iglesia realiza una conferencia de misiones, así que la congregación programa una.

• La denominación le avisa a la iglesia que hay fondos disponibles para plantar una nueva congregación en la zona, así que el comité de misiones empieza a sondear los vecindarios, buscando interés en una nueva iglesia.

• Cuando una anciana de la iglesia dona un piano en memoria de su esposo fallecido, se reacomoda el auditorio y se ajusta el programa de adoración para dar lugar al nuevo instrumento.

Estas iglesias aprovechan con entusiasmo cualquier oportunidad que se presenta, pero, con el tiempo, se encuentran cargados con el peso de intentar utilizar todos los recursos disponibles. En lugar de que los recursos sirvan a la iglesia, empiezan a determinar su programación.

Los líderes sabios no permiten que la disponibilidad de recursos determine la dirección de su organización. Los recursos deben reforzar la visión, no dirigirla. Los líderes insensatos aceptan recursos sin pensar e intentan armar una visión que utilice todos los elementos que acumularon. Los líderes sabios deciden primero la visión para su organización y después reúnen los materiales que necesitan para alcanzarla. Los líderes espirituales empiezan la tarea que Dios les asignó y esperan la provisión celestial.

Los líderes que se concentran en Cristo descubren que disponen de todos los recursos necesarios para obedecer la voluntad de Dios. Aquellos que se distraen con las finanzas, terminan desorientados y se alejan de Aquel que tiene todos los recursos que necesitan.

6. El líder como el centro

Muchos suponen que, para ser un líder visionario, es necesario desarrollar una visión personal para la organización. Es la idea de una figura solitaria que asciende por una montaña en busca de una visión lo suficientemente apremiante como para generar un movimiento significativo entre los que esperan abajo. Estos líderes creen que la creación de la visión es su responsabilidad absoluta. Es la visión más común entre autores seculares que escriben sobre el liderazgo. No esperan que Dios juegue un papel a la hora de proporcionar la visión. Por lo tanto, piensan que es responsabilidad del líder desarrollar una visión lo suficientemente atractiva como para motivar a las personas a dedicar su esfuerzo y sus recursos.

Los líderes pueden sentir una enorme presión cuando tienen que convencer a la gente de que siga su visión. Los líderes de empresas entienden que sus empleados más talentosos pueden irse a trabajar para la competencia. Por lo tanto, deben desarrollar una visión para la empresa que sea lo suficientemente eficaz como para inspirar lealtad entre los empleados. Los pastores entienden que hay otras iglesias adonde la gente puede asistir. Entonces, intentan desarrollar una visión grande y sensacional para que las personas deseen asistir a su iglesia. Hemos escuchado a líderes cristianos anunciar: «Tenemos que soñar en grande para Dios» o «Debemos establecer metas dignas del Dios poderoso a quien servimos». Esto parece emocionante, pero no es bíblico. Isaías 55:8-9 advierte: «Porque mis pensamientos no son vuestros pensamientos, ni vuestros caminos mis caminos —declara el Señor. Porque *como* los cielos son más altos que la tierra, así mis caminos son más altos que vuestros caminos, y mis pensamientos más que vuestros pensamientos».

El mensaje está claro. La mejor idea de un líder no edifica el reino de Dios. ¿Por qué? Porque las personas no piensan como Dios. El apóstol Pablo observó: «¿Dónde está el sabio? ¿Dónde el escriba? ¿Dónde el polemista de este siglo? ¿No ha hecho Dios que la sabiduría de este mundo sea necedad?» (1 Cor. 1:20). Dios tiene prioridades y valores diferentes de los nuestros. Cuando las personas «piensan en grande para Dios» y «sueñan grandes sueños para Dios», el énfasis está en la gente y no en el Señor. El peligro está en creer que el razonamiento humano puede edificar el reino de Dios. Eso es imposible (Juan 15:5). Este enfoque está centrado en la persona y no en Dios.

Satanás intentó tentar a Jesús para que usara los métodos del mundo con el pretexto de cumplir la voluntad de Dios (Mat. 4:1-11). Le dijo: «Provee comida gratis y atraerás grandes multitudes. Realiza milagros impresionantes y ganarás seguidores. Adórame y proporcionarás un cristianismo sin costo». Pero a Jesús no lo engañaron las mentiras de Satanás.

Identificó muchos valores y métodos comúnmente aceptados y los denunció como contrarios a los caminos de Dios. El mundo busca llegar primero. Jesús dijo que los últimos serían los primeros. Nosotros admiramos la fortaleza; sin embargo, Dios demuestra Su fuerza a través de nuestra debilidad. A nosotros nos impresionan las grandes cantidades. Jesús escogió a un grupo pequeño de discípulos y solía ignorar las multitudes y concentrarse en las personas.

El mundo busca la felicidad. Jesús dijo: «Bienaventurados los que lloran» (Mat. 5:4). A las multitudes, las atraen los despliegues grandes y espectaculares. Jesús dijo que Su reino sería como una semillita de mostaza. Las campañas creativas de comercialización atraen a las audiencias. Jesús declaró que nadie puede ir a Él a menos que el Padre lo atraiga. Repetidas veces, ¡el Señor rechazó el razonamiento humano a favor del reino de Dios! Efesios 3:20 declara que Cristo «es poderoso para hacer todo mucho más abundantemente de lo que pedimos o entendemos, según el poder que obra en nosotros». Cuando dedicas tu organización a alcanzar tus propios objetivos, impides que tu gente experimente algo mejor.

¿Cuán significativos son nuestros sueños y visiones a la luz de Efesios 3:20? ¿Acaso la gente puede impresionar a Dios con sus visiones? ¿Pueden los líderes tener algún sueño digno de Dios? ¿Acaso los líderes más perceptivos pueden mirar al futuro y determinar el mejor resultado para sus organizaciones? A Dios no lo impresionan los planes y los sueños de los líderes porque Él puede hacer mucho más de lo que los mortales pueden imaginar (Job 38–41; Jer. 33:3). Los líderes espirituales que desarrollan sus propias visiones, por más impresionantes que sean, se conforman con lo mejor que puedan imaginar en lugar de los planes de Dios. Es una manera segura de estafar a sus seguidores.

Lucas 9 ejemplifica con claridad la creación de una visión basada en el líder (Luc. 9:10-17). Mientras Jesús le enseñaba a una gran multitud, los discípulos previeron un desastre inminente. Se acercaba la noche y no había comida. Los doce discípulos tal vez se reunieron a considerar sus opciones:

Pedro: «¿Tenemos suficiente dinero como para comprar comida para toda esta gente?».

Judas: «Imposible. No alcanza el dinero».

Juan: «¡Tal vez algunos trajeron comida!».

Andrés: «No, ya pregunté. Hay solo un muchacho con unos panes y unos peces».

Los discípulos quizás hayan evaluado todas las opciones, considerado lo que otros líderes populares hacían para alimentar a las multitudes que los seguían y examinado la última literatura sobre el tema. Por fin, elaboraron el mejor plan posible: enviarían a cada uno a su casa. Los discípulos se acercaron a Jesús y le pidieron que dispersara a la multitud (Luc. 9:12). No era una cuestión de insensibilidad. Era la solución más lógica que podían imaginar.

Jesús podría haberles respondido: «Yo quería hacer otra cosa, pero ustedes se esforzaron mucho por pensar en esta solución. Me lo están pidiendo unidos y creen con fe que puedo concederles lo que me piden. Entonces, haré lo que me piden y enviaré a la gente a su casa de manera ordenada y digna». ¿Cómo crees que se habrían sentido los discípulos? ¡Habrían estado eufóricos con su «éxito»! Sin embargo, es posible lograr nuestros objetivos y errar por completo en la voluntad de Dios.

Lucas describe sucesos similares con los discípulos (vv. 28-36). Mientras Jesús y los discípulos se abrían paso al sur hacia Jerusalén, quisieron pasar por una aldea samaritana (vv. 51-56). Cuando los lugareños no los recibieron bien, ¡Jacobo y Juan le preguntaron a Jesús si podían mandar que cayera fuego del cielo y los consumiera! ¿En qué estaban pensando estos fanáticos hijos del trueno? Quizás consideraron que era una oportunidad para que Jesús demostrara Su poder y que, al sacrificar una aldea, muchos otros creyeran en Él. O tal vez querían proteger en forma equivocada el honor del Señor. No importa cuál haya sido su razonamiento, Jesús los reprendió. Una vez más, su mejor idea no concordaba con el plan del Padre.

Hechos 8:14-17 proporciona un epílogo interesante a este acontecimiento. El mensaje del evangelio empezó a difundirse rápidamente desde Jerusalén. Los discípulos se enteraron de que los samaritanos estaban recibiendo el evangelio, así que la iglesia de Jerusalén envió a Pedro y a Juan a investigar. Podemos imaginar lo que le habrá pasado por la mente a Juan cuando entró esta vez en Samaria. Quizás, pasó por la aldea que él y Jacobo habían querido destruir la vez anterior. Pero ahora, en lugar de enviar un fuego consumidor, el Espíritu Santo llenó a los creyentes samaritanos. ¡Qué contraste! La sabiduría humana habría destruido la aldea. El plan de Dios trajo una salvación con gozo. En vez de muerte, los aldeanos recibieron la vida eterna. Tal como Jacobo y Juan, cada vez que los líderes desarrollan su propia visión, en vez de buscar la voluntad de Dios, le dan a la gente sus mejores ideas, en lugar de las de Dios. Sin duda, las personas salen perdiendo con ese intercambio.

7. *Los valores y los propósitos*

Una séptima fuente de visión para muchas organizaciones surge de sus valores corporativos. En este enfoque, la iglesia determina sus valores centrales y elige una dirección que se alinea con ellos. El beneficio es que la visión de la iglesia se sujeta a sus valores, y las actividades se relacionan con sus prioridades. A menudo, escuchamos que consultores de liderazgo hablan de cómo ayudaron a una organización a descubrir sus valores centrales para desarrollar un plan para el futuro. Sin embargo, este enfoque tiene dos limitaciones. En primer lugar, los valores suelen ser restrictivos más que prescriptivos. Conocer tu propósito te ayuda a entender lo que *no* deberías hacer, pero suele dar solo indicaciones generales de lo que *sí* debes hacer. Por ejemplo, si una iglesia identifica las misiones mundiales como uno de sus valores o propósitos centrales, tal vez no se dedique a construir un costoso edificio nuevo porque, al hacerlo, se usarían fondos que podrían dedicarse a esfuerzos misioneros. No obstante, un propósito tan amplio no guía a la iglesia a saber si tiene que hacer la obra misionera en Camboya, Corea o Kamchatka. Por lo tanto, la iglesia queda librada a hacer lo que mejor le parece. Eso lleva a un segundo problema.

Los valores y propósitos pueden sustituir a Dios. No está mal que te dirijan los valores, pero es mejor si te dirige Dios. Si, cada vez que el pueblo de Dios necesita guía, recurre a sus valores centrales, ha encontrado sin quererlo un sustituto para Dios. El mayor peligro de apostasía no es apartarse una gran distancia de Dios, sino alejarse levemente de donde Él te quiere. Cuando un propósito impulsa lo que haces, ya no necesitas permanecer en una relación íntima con Cristo o escuchar Su voz. Sencillamente, precisas una lista de valores centrales. No malentiendas lo que estamos diciendo. Identificar los valores centrales es bueno. Si una congregación busca el corazón de Dios para su iglesia en oración, el Señor les revelará cuáles deben ser sus prioridades. Sin embargo, las congregaciones hacen bien en recordar que Cristo es la Cabeza de la Iglesia, ¡no sus valores centrales!

Para muchos líderes, otro elemento motivador relacionado es su pasión. Algunos defensores del liderazgo sugieren que los líderes deben determinar sus talentos y su pasión y, al hacerlo, descubrirán su llamado. Sostienen que, si entiendes la pasión que Dios te ha dado e identificas los dones con los que el Señor te ha preparado, puedes deducir lo que Dios quiere que hagas.

Hay que tener cuidado con esta forma de pensar. Considera a Moisés como pastor de ovejas en el desierto. Moisés no creía que el liderazgo o la oratoria fueran sus dones o pasiones. Si se apoyaba en sus talentos, jamás habría regresado a Egipto a liberar a los hebreos. No obstante, ese era el plan de Dios. Además, es tentador suponer que Dios quiere que hagamos lo que nos gusta o lo que nos sale bien. Sin embargo, para cumplir Sus propósitos, Dios puede pedirnos que hagamos algo que no nos gusta (le pidió a Su Hijo que muriera en una cruz), pero que es necesario para que se cumpla Su voluntad. Es hermoso poder trabajar en lo que nos apasiona, pero lo que motiva a los líderes espirituales es Dios, no su pasión ni sus talentos.

8. La revelación de Dios

Las siete fuentes anteriores de visión tienen algo en común: están generadas por el pensamiento humano. El mundo funciona según su visión porque no conoce a Dios. El pueblo de Dios vive por revelación. Aunque muchas veces se cita Proverbios 29:18, a menudo se usa una mala traducción. La traducción popular es «Donde no hay visión, el pueblo se desenfrena». Una traducción más precisa es «Sin revelación, el pueblo se desenfrena». Hay una diferencia significativa entre *revelación* y *visión*. La visión es algo que la gente *produce*. La revelación es algo que la gente *recibe*. Dios debe revelar Su voluntad para que los líderes la conozcan. El mundo secular rechaza la voluntad de Dios, así que a los no creyentes les queda una sola opción: proyectar su propia visión. Los cristianos son llamados a algo completamente distinto. Las visiones que impulsan a los líderes espirituales se originan en Dios.

Dios se ha propuesto redimir a la humanidad. Es el único que sabe cómo hacerlo. Los líderes deben entender, como hizo Cristo, que su función es buscar la voluntad del Padre y ajustar sus vidas a Él. Como los líderes son proactivos por naturaleza, suelen lanzarse a la acción. En consecuencia, no pasan el tiempo necesario buscando escuchar a Dios. Se conforman con un momento breve de oración y empiezan a hacer planes.

Pedirle a Dios que bendiga tus planes no garantiza que lo que desarrolles venga de Su parte. Solo Dios puede revelar Sus planes y lo hace a Su manera, a Su tiempo y a quien Él quiere. La función de los líderes espirituales no es soñar para Dios, sino ayudar a las personas que tienen a su cargo entender la revelación divina.

Comprendemos mejor la manera en que Dios guía a Su pueblo al examinar las Escrituras. A menudo, el Señor revelaba Sus planes en forma de una promesa acompañada de una imagen viva. Cuando Dios hablaba, Su pueblo sabía claramente lo que quería lograr y, a menudo, podía describir la actividad de Dios con un rico simbolismo. Por ejemplo, cuando Dios le reveló a Noé lo que haría en respuesta a la maldad de la humanidad, le explicó con claridad cómo lo haría: un terrible diluvio cubriría la Tierra (Gén. 6:17). El ministerio de Noé de predicar y construir el arca no se generó por su visión de cómo servir mejor a su comunidad.

Noé tampoco supuso que su sociedad tendría el mejor futuro posible. Su visión surgió de la promesa de Dios de un diluvio inminente.

Dios le prometió a Abraham que no solo tendría un hijo en la vejez, sino que tendría una multitud de descendientes que bendecirían a todas las naciones (Gén. 12:1-3). Proporcionó varias imágenes para ayudar a Abraham a entender la enormidad de esta promesa. Los descendientes de Abraham serían tan innumerables como el polvo de la tierra (Gén. 13:16), tan vastos como las estrellas (15:5), tan incontables como la arena en la orilla del mar (22:17). La revelación de Dios a Abraham llegó como una promesa envuelta en imágenes gráficas.

Cuando Dios prometió liberar a los israelitas de la esclavitud en Egipto, habló de una tierra que manaba leche y miel (Ex. 3:8). El Cristo resucitado les pintó a Sus seguidores la imagen de un novio que iba a buscar a su novia y de un espectacular banquete (Apoc. 19:7-9). En la Biblia, Dios solía presentar Sus promesas con imágenes que cautivaban la imaginación de los que las recibían.

Al examinar las promesas de Dios, encontramos dos principios: (1) es imposible cumplir los planes de Dios sin Él y (2) las promesas de Dios son absolutas. Él hace lo que dice que hará, exactamente en la manera en que promete hacerlo. Los líderes espirituales deben resistir la tentación de alterar el plan de Dios con su propia manera de pensar. La tarea del líder es comunicar al pueblo la promesa de Dios, no crear una visión y reclutar seguidores.

¿Cómo hacen los líderes para comunicar la visión?

Los escritores seculares de liderazgo suelen sugerir que los líderes deben convencer a los que lo siguen de adoptar su visión. Una falta de apoyo a la visión del líder se considera rebelión. Las iglesias muchas veces hacen lo mismo. Una vez, nos encontramos con el personal de una iglesia grande de África. Estaban convencidos de que Dios quería que su congregación construyera un nuevo edificio. Sin embargo, no se les había pedido a los miembros que votaran ni consideraran el proyecto. Cuando preguntamos por qué, el personal nos dijo que muchos de los miembros de la iglesia no tenían madurez espiritual y no se podía esperar que discernieran la voluntad de Dios para este asunto. Preguntamos si esperaban que esas mismas personas pagaran el edificio nuevo. Por supuesto, así era. El personal creía que la gente era demasiado inmadura como para escuchar a Dios, ¡pero no demasiado inmadura como para pagar lo que ellos habían interpretado de parte del Señor!

Este problema suele ocurrir con la visión orientada al líder. La gente tiende a concentrarse en las cosas equivocadas. El objetivo principal de Dios para Su pueblo es que alcancen la madurez espiritual y demuestren el carácter de Cristo (Rom. 8:29-30; Col. 1:28). El personal de la iglesia no había ayudado a los miembros a alcanzar la madurez espiritual porque estaba demasiado concentrado en construir un edificio.

Había usado el modelo de liderazgo del mundo. Buscó la voluntad de Dios para la iglesia y luego le dijo al pueblo cuál era. Estas personas tendrían que haber ayudado a los miembros a aprender a reconocer la voz de Dios para que ellos también pudieran descubrir la voluntad de Dios para su iglesia. En cambio, el personal planeó construir un edificio grande y recibir el apoyo financiero de los miembros espiritualmente inmaduros. Estaba usando a las personas para alcanzar su objetivo. Había olvidado que, con Dios, ¡el objetivo es que la gente alcance la madurez espiritual!

Hace poco, escuchamos que un pastor se quejaba de que su congregación no apoyaba la visión de la iglesia. Los miembros no se ofrecían para servir en los ministerios de la congregación ni proporcionaban los recursos necesarios. Culpaba a la gente de haber perdido la lealtad a la iglesia. Nosotros cuestionamos su percepción. Citamos ejemplos de iglesias donde los miembros habían sido extremadamente generosos con su tiempo y su dinero (Ex. 36:2-7). Sugerimos que el problema era que las personas entendían que la visión de la iglesia venía de parte del pastor en lugar de Dios. «Lo que descubriste —le dijimos— es que tu grey no te ofrendará en forma altruista a TI, ¡pero SÍ lo hará si es para Dios!».

La función de los líderes espirituales es llevar a sus seguidores a encontrarse cara a cara con Dios para que Él mismo les hable directamente, no en forma indirecta a través del líder. Los líderes espirituales tal vez nunca convenzan a sus seguidores de que Dios les habló en forma personal, pero, una vez que ellos escuchen a Dios, querrán participar de la obra que el Señor está empezando. El Espíritu Santo tomará la verdad que comunicó el líder y la confirmará en el corazón de las personas.

La gente está dispuesta a hacer ajustes drásticos en su vida si ven que Dios está obrando. Hemos visto cómo las personas hacen inmensos sacrificios en respuesta a la actividad de Dios. Hay médicos que han renunciado a prácticas exitosas y se han dedicado al pastorado. Hay miembros de iglesias que han vendido sus propiedades y donado herencias para apoyar la obra de la iglesia. ¿Por qué? Porque sabían que el Señor estaba obrando. Si las personas no están siguiendo una visión, el problema quizás no sean ellas. Para que la gente se movilice tras una visión, primero debe estar convencida de que viene de parte del Dios todopoderoso y no de un líder ambicioso. Si siente que está participando de algo que Dios está iniciando, es imposible medir lo que hará.

La responsabilidad del líder

En cuanto a la visión, los líderes tienen tres responsabilidades principales. En primer lugar, deben asegurarse de haber recibido la visión de parte de Dios. Esto solo sucede cuando los líderes pasan tiempo en la presencia de Dios en forma habitual, para conocer lo que hay en Su corazón (1 Sam. 2:35).

En segundo lugar, los líderes deben comunicar constantemente la visión al pueblo. La gente suele distraerse y desconcentrarse. Las organizaciones pueden quedar atrapadas por las inquietudes administrativas cotidianas y perder de vista el destino final. Es responsabilidad del líder mantener el objetivo a la vista de la gente. A medida que los líderes comunican la visión, el Espíritu Santo la afirma en los corazones.

Por último, es responsabilidad del líder permanecer con su pueblo hasta que la visión se haya materializado. Es irresponsable que los líderes inicien un programa costoso de edificación o un proyecto ministerial a gran escala y luego abandonen la organización antes de terminar la tarea. Si los líderes guían a su gente a asumir compromisos importantes, le deben el compromiso de permanecer hasta que se haya cumplido la visión. Por supuesto, hay visiones que requieren muchos años. A veces, los líderes son llamados a otras tareas. Pero deben tener cuidado de no dejar sus organizaciones cuando se están implementando aspectos cruciales de la visión. Si es posible, ¡los líderes deben terminar lo que empezaron!

Conclusión

Si no tienes visión, eres un simple administrador, no un líder. Los líderes movilizan a las personas desde donde están hacia donde Él las quiere. Sin una visión clara y convincente, los líderes pierden el rumbo.

La fuente de tu visión es fundamental. El mundo está lleno de visiones de otras personas, pero lo que la gente anhela es participar de algo que Dios está orquestando. Acércate al Señor y permite que Él te revele lo que quiere hacer a través de tu gente. Una vez que descubras la voluntad de Dios, compártela con todos los que conozcas y permite que el Espíritu Santo use tu vida para movilizar a las personas hacia el centro de la actividad de Dios.

Preguntas

1. ¿Hay una visión clara y apremiante que movilice tu vida y tu liderazgo? Si así es, ¿cuál es la evidencia? ¿Qué visión te ha dado Dios para tu gente? ¿Puedes definirla en una sola frase?

2. De las ocho fuentes de visión enumeradas en este capítulo, ¿cuál suele ser la que usas para desarrollar tu visión?

3. ¿Cómo comparas tu éxito con tu visión? Los líderes espirituales no miden su éxito según su esfuerzo, sino que la medida la determina cómo alcanzan la visión que Dios les dio. Según esto, ¿cuán exitoso has sido como líder?

4. ¿Cómo has ayudado a los que guías a escuchar a Dios para que sepan cuál es la visión del Señor?

Capítulo 4

La influencia del líder:
el carácter

U na vez, conocimos a un pastor que estaba desanimado. La gente asistía cada vez menos a la iglesia y no estaba dispuesta a hacer cambios. El pastor intentó comenzar un nuevo programa evangélico, pero nadie se ofreció para ayudar. Empezó un nuevo ministerio de oración, pero nadie mostró interés. Se propuso apoyar a una iglesia misionera, pero la congregación votó en contra. Enojado, el pastor preguntó: «¿Cómo puedo seguir en una iglesia donde la gente no quiere obedecer a Dios?».

Le preguntamos: «¿A qué aspecto de tu liderazgo no responde la gente?». Este hombre creía que Dios lo había llamado a servir en esa iglesia. Sabía que el Señor es todopoderoso. También sentía que Dios quería que la iglesia evangelizara su comunidad. El problema era que el pastor se había concentrado en la falta de disposición de la gente para seguirlo, en vez de en su incapacidad para liderar.

El propósito de los maestros es enseñar. Cuando los alumnos no aprenden, no se los culpa en primera instancia. Se pregunta por qué el maestro no ha logrado impartir con eficacia el conocimiento. De la misma manera, el propósito de los líderes es liderar. Cuando la gente no lo sigue, no tiene sentido echarle la culpa. Es la responsabilidad del líder motivar a la gente a seguirlo.

El liderazgo es una tarea difícil. A menudo, las personas no están dispuestas a seguir o son inconstantes. No obstante, en un mundo confuso, pecaminoso y fragmentado, los líderes espirituales de hoy no pueden darse el lujo de fracasar en la tarea que Dios les encomienda.

Nos encontramos con muchos líderes bienintencionados pero frustrados. Quieren extender el reino de Dios, pero la gente no está dispuesta a seguirlos. Es desmoralizador cuando los líderes saben que su organización necesita hacer cambios, pero la gente no quiere actuar. Los líderes corporativos han observado con frustración cómo su empresa se volvía cada vez menos rentable, al tiempo que no podían hacer los cambios necesarios. Hay pastores que han agonizado mientras la asistencia a la iglesia declinaba y sus miembros no querían hacer ajustes en lo que estaban haciendo.

No importa cuán extraordinaria sea tu visión si nadie se moviliza para materializarla. Puedes pronunciar discursos excelentes y elaborar declaraciones de misión detalladas, pero, si nadie te sigue, no sirve para nada. Si hay una habilidad que los líderes deben dominar es la de movilizar a las personas.

Fuentes ilegítimas de influencia

Los líderes tienen muchas maneras de influir a las personas a su cargo. Algunos métodos honran a Dios y bendicen a los demás. Otros deshonran al Señor y manipulan a las personas. A continuación, veremos tres de las maneras ilegítimas más comunes en que las personas influyen a los demás.

1. La posición

En el pasado, se suponía que ciertas posiciones gozaban de autoridad e influencia. Los jefes recibían un trato deferente. Los demás confiaban en sus ministerios y los respetaban. Como resultado, los que buscaban honor e influencia apuntaban a posiciones de liderazgo. Los líderes corporativos se postulaban para puestos en empresas más importantes. Los pastores anhelaban un lugar en iglesias más grandes y prestigiosas. Cuando esta gente adquiría una posición de poder e influencia, la aprovechaba y la protegía celosamente.

Sin embargo, intentar obtener influencia por medio de la posición no está bien. Por un lado, este enfoque se presta al abuso. Una persona puede ocupar un papel de influencia sin desarrollar el carácter necesario para sostenerlo. Las personas que usan medios manipuladores para alcanzar puestos de poder no tienen la integridad necesaria para mantener el respeto de la gente. Es más, las personas inseguras que anhelan el reconocimiento y la aprobación de los demás rara vez descubren que su trabajo llena el vacío espiritual y emocional de sus vidas. Sin darse cuenta, aplican un remedio mundano a un problema espiritual. Tanto en las organizaciones seculares como en las religiosas, vemos a hombres y mujeres que intentan en vano satisfacer el vacío de su alma mediante posiciones de liderazgo. ¿Por qué nos asombra cuando se descubre a un gerente importante en una actividad ilegal, o nos escandalizamos cuando un pastor comete adulterio? Nos equivocamos al suponer que los que ocupan posiciones importantes son honestos. Está claro que este no es siempre el caso.

Una posición no garantiza respeto. Los líderes de hoy se enfrentan cada vez más al escepticismo y el escrutinio. Los medios constantemente ponen en evidencia a líderes de empresas e iglesias que han deshonrado su puesto al comportarse de manera ilegal o inmoral. Esta es la era del «gestor del conocimiento». Debido a la mayor educación entre los obreros y al acceso constante a las noticias, a las personas ya no les impresionan los títulos y los puestos como antes. Hoy, más que nunca, el respeto hay que ganárselo.

El liderazgo espiritual se apoya en el carácter y la obra del Espíritu Santo. Sin la presencia del Espíritu que guía y capacita, una persona puede estar en una posición de liderazgo sin ser un líder espiritual. Obtener una posición de liderazgo no equivale a estar lleno del Espíritu. Graduarse en un seminario no transforma a nadie en alguien respetable. Ser pastor no garantiza la unción automática de Dios. Muchos ministros equivocados suponen que los demás los seguirán simplemente porque son el pastor. Entonces, cuando la congregación se resiste a su liderazgo, el pastor descontento denuncia la falta de espiritualidad de los miembros que se le oponen.

Algunos líderes, al entender que la posición sola no equivale automáticamente a autoridad, buscan influir sobre los demás usando la fuerza y la intimidación. Este enfoque tiene consecuencias incluso más desastrosas.

2. El poder

Mao Zedong, el fundador del partido comunista en China, proclamó: «El poder nace del cañón de un arma».[3] No tenía problema en admitir que usaba la fuerza para alcanzar sus objetivos. En consecuencia, envió a millones de personas a morir. Sin embargo, incluso los déspotas gobiernan si su pueblo está dispuesto a someterse. La historia demuestra que aun los tiranos más implacables pueden perder su poder si las personas se niegan a temerles o seguirlos.

Los líderes corporativos no pueden tener éxito a largo plazo con una mentalidad autoritaria. Las empresas exitosas dependen de la contribución de su gente. Los empleados talentosos a menudo tienen otras opciones donde trabajar. Una de las principales razones por las que los empleados abandonan sus empresas es porque no están de acuerdo con su jefe.

El gobierno dictatorial no tiene mejor resultado en las iglesias que en el mercado. Algunos pastores son encantadores y cordiales, siempre y cuando los miembros de la iglesia se sometan a su autoridad. Pero, cuando se los cuestiona, se enojan y atacan a todo el que se les oponga. Otros usan el púlpito para denunciar a los que no están de acuerdo con ellos. Los ministros que intentan intimidar a sus oponentes para que se sometan terminarán predicándoles a asientos vacíos o buscando un nuevo empleo. Es increíble que, cuando esto sucede, muchos pastores culpan con obstinación a los demás por negarse a obedecer al líder establecido por Dios. La dictadura espiritual es una de las formas más opresivas de tiranía porque los líderes afirman que Dios está de su lado y que aprueba su conducta despótica.

Las sectas y los gobiernos totalitarios exigen absoluta obediencia a sus líderes. Condenan el pensamiento independiente. ¡Nada podría ser menos bíblico! Los líderes espirituales animan a las personas a pensar y a buscar la voluntad de Dios. No suprimen su opinión ni desalientan el debate, las preguntas o los desacuerdos. Los líderes espirituales quieren la voluntad de Dios para su organización. Alientan la creatividad y las preguntas de las personas, para disponer de las mejores ideas para el bien de la organización.

Los líderes que no les dan a los demás la oportunidad de escuchar a Dios y que no preparan a su gente para reconocer la voz del Señor se descalifican como líderes espirituales.

3. La personalidad

Como ya hemos visto, algunos esperan que los demás los sigan simplemente por su posición. Otros presionan a las personas a someterse a ellas a través de diversos medios de manipulación. Un tercer enfoque al liderazgo es confiar en el encanto y el carisma para ganar seguidores. La popularidad de los líderes no es en sí un rasgo negativo, pero no puede ser la única fuente de influencia. Los líderes también deben demostrar competencia y la capacidad de movilizar a sus organizaciones hacia adelante para alcanzar sus objetivos. Muchas organizaciones han sido llevadas a la ruina por gerentes elocuentes que tenían un aspecto sensacional, pero eran incompetentes. Las iglesias han seguido ciegamente a sus pastores en proyectos desastrosos porque amaban a su líder, y no porque hubieran escuchado a Dios.

Muchas veces, la gente supone que los grandes líderes tienen el don de una oratoria fascinante y el carisma para ganar el apoyo de los demás. Pero la verdad es que los grandes líderes construyen grandes organizaciones, pero no necesariamente tienen una gran reputación. Cuando las organizaciones crecen en torno a la personalidad del líder, no solo son susceptibles a las debilidades de esa persona, sino que también enfrentan una crisis inevitable cuando el líder se va. Si la asistencia a una iglesia cae vertiginosamente cuando su pastor se va, o las ganancias de una empresa declinan en forma significativa después de que su gerente renuncia, esto puede indicar que la organización se edificó alrededor de la personalidad del líder en lugar de un proceso o producto saludable.

Cristo dijo que edificaría Su iglesia (Mat. 16:18). Para prosperar, las iglesias no necesitan líderes que destilen encanto, sino pastores que caminen con Dios. A menudo, cuando las iglesias buscan un pastor, quieren a alguien cuya apariencia atractiva y encanto atraigan a nuevos miembros. Valoran el carisma por sobre la consagración. Sin embargo, la personalidad sin propósito y el encanto sin capacidad pueden ser desastrosos. Los pastores que se apoyan más en la personalidad que en las características del verdadero liderazgo rara vez mantienen su puesto durante mucho tiempo. Al principio, la gente queda impresionada al verlos. Predican y agotan su magro repertorio de sermones y, después, cuando su carácter superfluo se hace evidente, la congregación se va a otra iglesia. Estas personas casi nunca logran algo sustancial. Dan una excelente primera impresión, pero no es duradera.

Fuentes legítimas de influencia

Los líderes influencian a los demás de dos maneras principales. La primera es su *persona*, y la segunda es sus *acciones*. Ambas pueden ser herramientas útiles de liderazgo que movilicen a las personas hacia los planes de Dios. Este capítulo examinará las características de los líderes que motivan a las personas a seguirlos.

1. La mano de Dios

De las muchas maneras en que los líderes ejercen influencia sobre otros, ninguna es más poderosa que cuando Dios los afirma ante los demás (Sal. 80:17; 139:5). Hay muchos ejemplos bíblicos de cómo hombres de Dios recibieron poder y bendición para transformarse en líderes espirituales.

Moisés fue indudablemente el líder más importante del Antiguo Testamento. Sin embargo, no podía atribuir su éxito a su propia capacidad de liderazgo, ya que no era un líder con dones naturales. Le costaba hablar en público (Ex. 4:10), no sabía delegar (Ex. 18:13-27) y tenía un problema con el enojo (Ex. 32:19; Núm. 20:9-13). Los logros de Moisés como líder espiritual surgieron de la profundidad de su relación con Dios. La Escritura indica: «Y acostumbraba hablar el Señor con Moisés cara a cara, como habla un hombre con su amigo» (Ex. 33:11). Los israelitas reconocían que Moisés caminaba con Dios. Cada vez que Moisés regresaba de encontrarse con el Señor, su rostro brillaba con la gloria de Dios (Ex. 34:29-35).

Moisés no exigía respeto, y quizás por eso Dios decidió honrarlo (Sant. 4:1-9). Moisés podría haber apelado a su posición de autoridad para silenciar a sus detractores, pero no tuvo que hacerlo. Los métodos de Dios para autenticar a Sus líderes son mucho más convincentes. Los líderes que se dedican a defender su reputación muestran una falta de fe porque no confían en que Dios los vindique. Algunos buscan constantemente que sus amigos y asociados los recomienden para obtener posiciones de liderazgo. Los verdaderos líderes no se conducen así. La aprobación de Dios sobrepasa cualquier honor que las personas puedan conceder. De la misma manera, los verdaderos líderes no se desesperan cuando los demás conspiran en su contra. Los que están seguros en su relación con Dios saben que el antagonismo del enemigo más feroz no puede evitar que ellos cumplan los propósitos divinos (Rom. 8:31).

Josué podría haberse sentido inseguro cuando Dios lo llamó a guiar a los israelitas a Canaán.[4] Se enfrentó a poderosos ejércitos enemigos apostados en ciudades fortificadas. Fue el sucesor de Moisés, la figura más estimada y respetada de la historia de Israel. Con razón Dios exhortó a Josué diciendo:

> Nadie te *podrá* hacer frente en todos los días de tu vida. Así como estuve con Moisés, estaré contigo; no te dejaré ni te abandonaré. Sé fuerte y valiente, porque tú darás a este pueblo posesión de la tierra que juré a sus padres que les daría. Solamente sé fuerte y muy valiente; cuídate de cumplir toda la ley que Moisés mi siervo te mandó; no te desvíes de ella ni a la derecha ni a la izquierda, para que tengas éxito dondequiera que vayas. Este libro de la ley no se apartará de tu boca, sino que meditarás en él día y noche, para que cuides de hacer todo lo que en él está escrito; porque entonces harás prosperar tu camino y tendrás éxito. ¿No te *lo* he ordenado yo? ¡Sé fuerte y valiente! No temas ni te acobardes, porque el Señor tu Dios *estará* contigo dondequiera que vayas (Jos. 1:5-9).

Dios dejó en claro que Josué podía guiar a la nación hebrea con absoluta confianza, no por sus propias habilidades de liderazgo, sino con la seguridad de la presencia del Señor.

Los israelitas prometieron: «Como obedecimos en todo a Moisés, así te obedeceremos a ti, con tal que el Señor tu Dios esté contigo como estuvo con Moisés» (Jos. 1:17). Para ese momento, el pueblo ya había experimentado suficientes milagros como para saber que no estaba siguiendo a un hombre, sino a Dios. Más que nada, la gente está buscando líderes espirituales que demuestren claramente la presencia de Dios en sus vidas.

Fiel a Su Palabra, Dios obró poderosamente a través de Josué. Mientras los israelitas se preparaban para cruzar el río Jordán, Dios reafirmó Su promesa a Josué: «Hoy comenzaré a exaltarte a los ojos de todo Israel, para que sepan que tal como estuve con Moisés, estaré contigo» (Jos. 3:7). Los líderes no tienen que probar que Dios los está guiando. La presencia de Dios es inconfundible. Cada vez que Josué guiaba al pueblo a la batalla, Dios ponía un miedo paralizante en el corazón de los enemigos de Israel (Jos. 2:11). Cuando los israelitas peleaban, Dios les daba la victoria (Jos. 23:10; 6:20; 10:13). Todos podían ver que Dios respaldaba a Josué y su ejército. Lo que Josué debía hacer era vivir en obediencia a Dios.

Débora sirvió como jueza del pueblo de Dios durante un período peligroso de la historia de Israel. Dios le concedió tal sabiduría que la gente viajaba grandes distancias para buscar su consejo. Cuando los enemigos de Israel los oprimían, Débora le aconsejó a Barac, el comandante militar, que peleara porque Dios le daría la victoria. A pesar de esta seguridad, Barac le contestó: «Si tú vas conmigo, yo iré; pero si no vas conmigo, no iré» (Jue. 4:8). Débora no conocía las tácticas militares ni era una guerrera valiente, pero Barac reconoció la mano de Dios en su vida. Llegó a la conclusión de que la presencia de Débora en su ejército garantizaba la presencia de Dios.

Jesús ejemplificó la actitud humilde que el Padre celestial honra en Sus siervos. A pesar de ser el Hijo de Dios, Jesús decidió vivir y morir con humildad. El Padre lo afirmaba constantemente. Cuando Jesús se bautizó, Dios proclamó: «Este es mi Hijo amado en quien me he complacido» (Mat. 3:17). De la misma manera, en el monte de la transfiguración, cuando Pedro intentó apropiarse de ese momento sagrado, el Padre intervino, declarando: «Este es mi Hijo, *mi* Escogido; a Él oíd» (Luc. 9:35).

Jesús nunca se promocionó. Este es el patrón del verdadero liderazgo espiritual. Cuando los líderes espirituales buscan la alabanza y el respeto de los demás, tal vez alcancen su objetivo, pero esa es toda su recompensa. Los que buscan la afirmación de Dios reciben un honor verdadero y eterno. No se puede comparar el elogio pasajero y temperamental de las personas con la aprobación de Dios.

Los líderes espirituales *deben* estar seguros de que Dios está afirmando su liderazgo. Si Dios pone Su mano sobre la vida del líder, tiene que haber evidencia convincente. En primer lugar, Dios cumplirá las promesas que le hizo al líder. Los líderes que presentan continuamente nuevos planes y visiones para el futuro, pero nunca los ven materializarse demuestran que Dios no apoya las visiones que proponen.

En segundo lugar, cuando Dios afirma a los líderes, defiende su reputación con el tiempo. Todos los líderes sufren críticas. La crítica no necesariamente es señal de un liderazgo pobre; puede surgir de personas que resisten a Dios. En última instancia, el Señor honrará a los que le sirven.

Una tercera señal de la mano de Dios sobre su líder es un cambio en las vidas. Cuando alguien lidera con el poder del Espíritu, las vidas son transformadas. Los líderes pueden entretener, impresionar o incluso motivar a las personas, pero si los seguidores no avanzan espiritualmente, su liderazgo emana de su propio talento y visión, en lugar de la poderosa dirección divina. Por último, la marca inconfundible de los líderes sobre los cuales descansa la mano poderosa de Dios es su carácter parecido al de Cristo.

¿Sobre quién pone el Dios todopoderoso Su mano de afirmación? La clave no está en el líder, sino en Dios. Los líderes no pueden hacer nada para garantizar la bendición de Dios. Lo único que pueden hacer es someterse a Él. Los líderes seculares intentan comprometerse más; los espirituales intentan someterse más. Hay una diferencia importante entre la determinación personal de esforzarse y la decisión de rendirse por completo a Dios y Sus propósitos. La primera descansa en el esfuerzo humano; la última depende de la suficiencia divina.

Rendirse para liderar

Dwight L. Moody estaba teniendo mucho éxito como pastor en Chicago. Entonces, en junio de 1871, Sarah Anne Cooke y la señora Hawxhurst se sentaron en la primera fila durante una de sus reuniones y oraron con diligencia hasta que terminó. Cuando Moody les preguntó por qué intercedían con tanto fervor, ellas contestaron que percibieron que necesitaba el poder del Espíritu en su vida y su ministerio. En forma gradual, hubo un cambio en Moody. Confesó: «Se generó una gran hambre en mi alma. No sabía qué era. Empecé a clamar como nunca antes lo había hecho. En verdad sentí que no quería vivir si no podía tener este poder para servir». Moody les pidió a las dos mujeres que oraran con él todos los viernes por la tarde hasta que recibiera la poderosa unción del Espíritu Santo.

Mientras estaba en Nueva York, Moody por fin rindió cada parte de su vida y su voluntad al Señor. De repente, experimentó la presencia abrumadora de Dios de una manera sin precedentes. Enseguida, buscó un lugar para estar a solas con Dios. «La habitación parecía estar en llamas con Dios. Moody se arrojó sobre el suelo y permaneció allí, empapándose de lo divino. De esta comunión, esta transfiguración del monte, Moody dijo: "Lo único que puedo decir es que Dios se me reveló, y experimenté de tal manera Su amor que tuve que pedirle que Su mano permaneciera allí"».[5]

Poco después, en Inglaterra, Moody escuchó las desafiantes palabras de Henry Varley: «Moody, el mundo será testigo de lo que Dios hará con un hombre plenamente consagrado a Él». Moody estaba preparado para ser ese hombre y Dios lo transformó en el evangelista más prolífico de finales del siglo xix.

A los 30 años de edad, Billy Graham llegó a una encrucijada en su vida. Su buen amigo y colega Charles Templeton había abandonado muchas de las convicciones cristianas que compartían juntos. Aunque Graham era un evangelista exitoso, fue sacudido hasta la médula de su vida y su ministerio. Si sus amigos estaban dejando de lado su compromiso con la Biblia y sus enseñanzas, ¿era él el ingenuo si seguía confiando en ellas?

Con el correr de la noche, mi corazón se cargó con pesadez. La campaña de Los Ángeles se aproximaba a toda velocidad, y necesitaba una respuesta. Si no podía confiar en la Biblia, no podía seguir adelante. Tendría que renunciar a la presidencia de la escuela. Debería dejar de predicar desde el púlpito. Tenía solo 30 años de edad. No era demasiado tarde para dedicarme a la ganadería. Sin embargo, esa noche, creí con todo mi corazón que el Dios que había salvado mi alma no me soltaría jamás… «¡Oh, Señor! Hay muchas cosas en este libro que no entiendo. Hay muchos problemas con él para los cuales no tengo solución. Parecen abundar las contradicciones. Hay algunas áreas que al parecer no concuerdan con la ciencia moderna. No puedo responder a algunas de las preguntas filosóficas y psicológicas que Chuck y otros están haciendo». Por fin, el Espíritu Santo me liberó para decirlo. «Padre, ¡la aceptaré como tu Palabra… por fe! Permitiré que la fe trascienda mis preguntas y dudas intelectuales, y creeré que es tu Palabra inspirada». Cuando me levanté de mis rodillas esa noche de agosto en Forest Home, me ardían los ojos de tanto llorar. Percibí la presencia y el poder de Dios como no lo había hecho en meses. No había recibido respuesta a todas mis preguntas, pero había cruzado un puente importante. En mi mente y mi corazón, sabía que se había peleado y ganado una batalla espiritual.[6]

Poco después de esta experiencia, Graham empezó su cruzada de 1949 en Los Ángeles, un acontecimiento que Dios usó para propulsarlo a la prominencia internacional. Antes de que Dios lo elevara, Graham se rindió como nunca antes lo había hecho. La entrega completa de todo a Cristo ha sido el momento decisivo para muchos de los grandes líderes espirituales de la historia.[7]

Muchos asumen compromisos; pocos se rinden por completo.

2. La integridad

A los líderes cristianos se los debería conocer por su honestidad. Sin embargo, en muchos casos no es así. Los medios de comunicación exponen continuamente a líderes religiosos que engañaron al público respecto a sus finanzas o su vida moral. En el ámbito local, muchos ministros no tienen problema de embellecer la verdad o tergiversar los hechos. Cuando las personas ven que sus líderes son deshonestos, pierden la confianza en ellos. Los seguidores no pueden esperar que sus líderes sean perfectos, pero quieren que lo sean.

La Escritura está llena de promesas para la persona íntegra:

«Él reserva la prosperidad para los rectos, *es* escudo para los que andan en integridad» (Prov. 2:7).

«El que anda en integridad anda seguro, mas el que pervierte sus caminos será descubierto» (Prov. 10:9).

«Hazme justicia, oh Señor, porque yo en mi integridad he
andado, y en el Señor he confiado sin titubear» (Sal. 26:1).

La Biblia también usa el término «sin mancha» para describir a los que viven
con integridad. El apóstol Pedro urgió a los cristianos, a la luz de la segunda venida de Cristo, a procurar «con diligencia ser hallados por Él en paz, sin mancha
e irreprensibles» (2 Ped. 3:14).

Los líderes íntegros poseen la credibilidad para influir a los demás. Las personas
que no tienen integridad pueden promover causas válidas, pero no se ganan la
lealtad de la gente porque sus vidas desacreditan el mensaje.

Las personas no nacen con integridad. La integridad es algo que se elige. Una
vez que decides ser una persona honesta, debes mantener ese compromiso en
todas las áreas de tu vida. Si eres deshonesto en un aspecto de tu vida, ¡eres una
persona deshonesta!

3. Una trayectoria exitosa

Pocas cosas le aportan más credibilidad al líder que el éxito constante y a largo
plazo. El éxito proporciona una clara prueba del buen liderazgo, y también puede
mostrar la bendición de Dios. El Señor le prometió a Josué que estaría con Él en
todas las batallas (Jos. 1:9). Su ejército se hizo invencible. Las victorias constantes de Josué eran una prueba directa de la bendición de Dios. ¿Quién no querría
seguir a Josué si sabía que Dios siempre bendecía sus esfuerzos?

Los líderes no pueden exigir respeto; solo se lo pueden ganar. El problema con
muchos aspirantes al liderazgo es que quieren que las personas los respeten sin
primero establecer una trayectoria exitosa. La gente tiene derecho a examinar el
historial de logros de sus líderes. Si los líderes fracasaron en dos tareas previas,
no debería sorprenderles si los demás dudan antes de seguirlos la próxima vez.
De la misma manera, los líderes más jóvenes no pueden esperar el mismo grado
de respeto y autoridad que se les da a los líderes de más edad. No hay sustituto
para la experiencia.

Un joven pastor sincero que servía en su primera congregación estaba profun-
damente preocupado por una ciudad cercana que no tenía iglesia. Quería empezar

una iglesia misionera, pero su congregación no apoyó este proyecto. Nadie se ofreció para ayudar. Varios miembros cuestionaron la sabiduría de extender su ministerio a otra ciudad, cuando había tantas necesidades en su propia iglesia. El pastor estaba afligido porque su congregación no quiso seguir su liderazgo en este emocionante ministerio nuevo. Preguntó qué debía hacer para llevar a su pueblo a abrazar la Gran Comisión.

Es tentador culpar a los seguidores, a la caída de la economía, a la comunidad insensible o a los errores del líder anterior. Pero culpar a otro no liberaría a este atribulado líder de las deficiencias que frenaban su eficacia. Este ministro de verdad deseaba que su iglesia extendiera el reino de Dios, pero su propia congregación estaba en pésimo estado. El edificio necesitaba reparaciones, a la iglesia siempre le faltaban fondos y el programa de la escuela dominical precisaba más maestros. El pastor no había podido solucionar estos problemas. Los miembros que veían cómo al pastor le costaba administrar una iglesia tenían toda la razón para cuestionar si podía mantener con eficacia una segunda congregación. Al ir más a fondo, descubrimos que estaba experimentando problemas financieros personales debido a un mal manejo del dinero y había subido mucho de peso por el estrés. Empezamos a entender que el problema no era su congregación, sino su líder. Este pastor no había establecido un historial exitoso en su vida personal ni en sus tareas actuales de liderazgo, y aun así, le pedía a la gente que lo siguiera con confianza en un nuevo proyecto. La congregación fue sabia al resistir avanzar con esta sugerencia.

La historia del pastor frustrado ejemplifica la necesidad de que los líderes se concentren en lograr pequeñas cosas al principio. Cuando la gente experimenta una serie de victorias menores, está más dispuesta a intentar algo mayor. La mejor área para demostrar los pequeños triunfos es en el dominio propio del líder.

Jesús contó la historia de tres siervos cuyo amo les confió grandes sumas de dinero. Los primeros dos siervos invirtieron los recursos y duplicaron su valor. El tercero enterró el dinero y no ganó nada para su amo. La respuesta del amo a los primeros dos siervos fue: «Bien, siervo bueno y fiel; en lo poco fuiste fiel, sobre mucho te pondré» (Mat. 25:23). La parábola de Jesús ilustra dos verdades importantes. En primer lugar, Dios espera un rédito de Su inversión en nuestras vidas. En segundo lugar, los que prueban ser fieles en lo poco recibirán más de Dios. Por el contrario, a los que desperdician las responsabilidades iniciales que Dios les da, no se les confiarán otras. Incluso pueden perder lo poco que tienen. El problema es que demasiadas personas quieren pasar por alto las pequeñas tareas y abordar de inmediato las más importantes: las que tienen influencia y prestigio. Pero Dios no obra así. Desarrolla a los líderes en forma secuencial. Cuando Él crea que has sido fiel en lo poco, Él te confiará más cosas.

Los líderes que están frustrados porque Dios no bendice su celo de hacer cosas grandes para Él deben examinar su trayectoria. ¿Han sido fieles en las tareas pequeñas? Además, tienen que asegurarse de estar midiendo el éxito como Dios lo mide. En el reino de Dios, «más» no necesariamente implica una mayor cantidad de personas, dinero o prestigio. Puede significar que Dios les confíe una tarea más difícil o un mayor sufrimiento. El Hijo de Dios recibió la tarea más grande de todas, la cual culminó en una cruz.

L. R. Scarborough, un líder cristiano de Estados Unidos en el siglo xx, estaba desconcertado por la cantidad de aspirantes a pastor que buscaban sin vergüenza los lugares prominentes en el ministerio. Los desafió de la siguiente manera: «Si tu lugar no es lo suficientemente grande para ti, hazlo grande. El ministro que no puede hacer de su lugar algo grande es demasiado débil como para sostener uno que ya lo es».[8] Los líderes que están constantemente buscando una tarea mayor, en lugar de concentrarse en hacer un buen trabajo con lo que Dios ya les asignó, no son dignos de la posición que tienen. A la inversa, los líderes que dedican con entusiasmo su energía a cada nueva tarea que Dios les da disfrutarán de las victorias que tengan donde están, y recibirán mayores proyectos en el futuro.

Las organizaciones que buscan un nuevo líder tienen que examinar críticamente la trayectoria de sus candidatos. Los posibles líderes quizás no hayan sido gerentes, líderes gubernamentales o pastores de una gran iglesia, pero si son líderes, habrá evidencia de su capacidad de liderar. Los líderes incipientes quizás no tengan todavía grandes logros en su haber, pero sí tienen que estar acumulando pequeñas victorias. Tal vez hayan demostrado su capacidad de liderazgo como estudiantes o en algún voluntariado. En general, los líderes acumulan ascensos, aumentos y una mayor responsabilidad en cualquier trabajo que tengan, sin importar cuán insignificante sea, porque sus cualidades para el liderazgo se hacen evidentes. El éxito en proyectos anteriores más pequeños puede indicar que el incipiente líder ya está preparado para una responsabilidad mayor.

Los líderes que son fieles en todas sus tareas disfrutan de una gran sensación de paz y confianza. Pocas recompensas se comparan con la alegría de mirar atrás y ver una trayectoria fiel de servicio al Señor.

4. La preparación

Los líderes poco preparados casi nunca logran algo trascendente. Por el contrario, cuanto más se prepara un líder, más eficaz se vuelve. Al reflexionar sobre su vida, Billy Graham, el evangelista más famoso del mundo, enumeró varias cosas que haría de otra manera si pudiera volver atrás. Dijo: «Muchas veces, fracasé, y cambiaría muchas cosas. Entre ellas, hablaría menos y estudiaría más».[9] Billy Graham predicó a más personas y vio más conversiones que cualquier otro predicador de la historia; sin embargo, reconoció que, si hubiera estado mejor preparado, Dios podría haber usado su vida aún más.

La preparación para el liderazgo supone educación y entrenamiento. Muchos líderes celosos se han lanzado a posiciones de liderazgo en forma prematura. Desaprovecharon oportunidades de aumentar su educación o capacidades y luego se encontraron frente a desafíos que superaban su habilidad o experiencia. Los líderes que reciben la capacitación adecuada no solo están mejor preparados para su función de liderazgo, sino que también tienen una mayor credibilidad entre aquellos a quienes lideran. El autor de Proverbios aclamó: «¿Has visto un hombre diestro en su trabajo? Estará delante de los reyes; no estará delante de hombres sin importancia» (Prov. 22:29). A veces, los líderes terminan su capacitación antes de tiempo porque consiguen trabajo. Por ejemplo, una jovencita quería inscribirse en la universidad, pero le surgió un trabajo y decidió no avanzar en su educación. Otro hombre tenía la intención de inscribirse en el seminario bíblico para prepararse para ser pastor. Sin embargo, una pequeña iglesia lo invitó a ministrar allí, así que decidió no seguir adelante con su capacitación. Al suponer que es más importante trabajar que prepararse, entran a su posición de liderazgo mal preparados para los desafíos que enfrentarán. Muchas personas talentosas suelen suponer que ya no les queda nada por aprender. Sin embargo, los líderes incipientes que interrumpen su preparación pueden estar demostrando que no se comprometen a terminar lo que empiezan, o que les falta un espíritu dócil. Las mismas personas que no finalizan su capacitación a menudo prueban no poder o no querer perseverar cuando se les presenta una tarea difícil más adelante en su carrera. La manera en que las personas manejan su preparación para el liderazgo es un importante indicador de la clase de líderes que serán en el futuro.

No todo el aprendizaje surge de la educación formal, pero una buena educación siempre es un medio importante de preparación. El líder del Antiguo Testamento que se alza por encima de los demás es Moisés. Antes de que Moisés se transformara en líder, recibió una buena educación. Se transformó en un pensador, en el teólogo sistemático del Antiguo Testamento. Además de Jesús, no hay un líder más influyente en el Nuevo Testamento que el apóstol Pablo. Él también era un pensador, el teólogo sistemático del Nuevo Testamento. Pablo estudió con Gamaliel, a quien se lo consideraba una de las grandes mentes de su época. Tanto Moisés como Pablo pasaron tiempo aprendiendo a pensar. No es casualidad que Dios los haya usado para redactar algunos de los pensamientos más profundos de la Escritura.

La preparación les infunde confianza a los líderes. Los líderes más exitosos son los que hacen su tarea. Muchos grandes líderes del pasado eran conocedores de la historia. Es necesario que los líderes exitosos dediquen tiempo a conocer el pasado de su organización para ver cómo Dios los ha guiado hasta el momento. La historia es particularmente importante para los líderes espirituales que son nuevos en sus iglesias u organizaciones. Los pastores que llegan no tienen que comportarse como si Dios hubiera llegado a la iglesia junto con ellos. Dios estaba presente cuando se fundó la iglesia y estará allí después de que el pastor se vaya. Los pastores sabios identifican cómo Dios ha guiado a la congregación hasta el momento y disciernen cómo la está guiando ahora.

Los líderes eficaces no necesariamente son más brillantes que otros. Sencillamente, aprenden a concentrar su atención en resolver problemas y ver posibilidades. La gente que analiza a conciencia su situación, evalúa su conducta como líder, considera sus opciones y, lo más importante, busca la guía de Dios, experimenta un éxito constante en el liderazgo.

Los pensadores son los que han ejercido la influencia más permanente en la historia. Es más, la misma línea de tiempo en la historia puede dividirse según la emergencia de líderes que concibieron la realidad de una manera nueva. Mientras la mayoría veía los problemas, estos líderes vieron las posibilidades. Mientras la sociedad recurría a los métodos tradicionales, estos líderes vislumbraron nuevas soluciones.

El liderazgo sobresaliente no se da principalmente en la acción, sino en las ideas. El pensamiento que sacude a la sociedad, cambia el mundo y hace historia no se produce en las mentes perezosas e inactivas. Los líderes más eficaces son aquellos que se preparan física, mental y espiritualmente para cualquier cosa que Dios les asigne.

5. La humildad

Los líderes poderosos tienen una perspectiva acertada y humilde de sí mismos. El mundo secular a menudo exalta a los líderes y los trata como celebridades. A menudo, se les da un tratamiento preferencial y una categoría especial.

No obstante, estudios demuestran que los principales líderes corporativos de Estados Unidos se caracterizan por su humildad. Los grandes líderes se concentran en construir organizaciones excelentes, no meramente carreras excelentes. Los líderes carismáticos y extravagantes a veces captan la atención de las personas en el mundo de la política o los negocios. Estos líderes reclutan rápidamente seguidores cautivados por los discursos dramáticos y la conducta extravagante del líder. Sin embargo, con el tiempo, su popularidad decae y queda claro que le importa más su propio bienestar que el de los demás. Por el contrario, los líderes de algunas de las empresas más grandes del mundo se conducen de manera sorprendentemente humilde. Reconocen que su organización es más importante que ellos. Entienden que son mayordomos temporales de su organización y su gente. Por lo tanto, hacen todo lo que pueden para fortalecer y desarrollar su organización mientras tienen el privilegio de conducirla.

Los líderes espirituales entienden que son siervos de Dios, responsables ante Él por su liderazgo. Esta conciencia produce un agudo sentido de humildad. Moisés fue un famoso líder nacional, pero también fue el hombre más humilde de su época (Núm. 12:3). Jesús era el Hijo unigénito de Dios; sin embargo, se despojó a sí mismo y tomó forma de siervo (Fil. 2:5-8). El apóstol Pablo fue uno de los líderes más importantes de la historia de la iglesia, pero se identificaba como siervo de Jesucristo (Rom. 1:1).

Cuando los líderes son orgullosos y exigen que los traten de manera especial, revelan su convicción arrogante de que son el centro de su organización. La humildad revela que el líder cree que Dios está en el centro. El orgullo conduce al abuso de una posición. La humildad refleja la conciencia de la necesidad de rendir cuentas. Los grandes líderes son personas humildes.

6. La valentía

Los grandes líderes son valientes. Los líderes militares, políticos y corporativos más exitosos de la historia demostraron un valor inusual al enfrentarse a los problemas. Los líderes exitosos entienden que el temor es contagioso. Si demuestran temor, sus seguidores también entrarán en pánico.

La valentía no es la ausencia del temor. Es hacer lo que es necesario a pesar de tener miedo. Los antiguos griegos entendían que la valentía es una virtud fundamental. Sin ella, las personas quizás sepan lo que deben hacer, pero decidan no hacerlo. Cuando los líderes llegan a un punto donde el temor les impide actuar, ellos y su organización están en peligro de estancarse y declinar. A menudo, la diferencia entre los líderes mediocres y los extraordinarios es su valentía.

El valor no es algo que solo requieren los líderes en un campo de batalla, sino también los pastores de iglesias, los líderes de negocios e incluso los padres. Algunos pastores saben que deben lidiar con las conductas pecaminosas en su congregación, pero le tienen pavor a la confrontación. A algunos empresarios les falta la decisión de adoptar una postura firme sobre un principio moral porque temen que les cueste la carrera. La diferencia entre los grandes líderes y los mediocres no necesariamente es que uno sabía qué hacer y el otro no. En general, los dos sabían lo que había que hacer, pero solo uno tuvo el valor de actuar.

Conclusión

No importa si eres un empresario, un pastor, el administrador de una escuela, un padre, el director de un comité o un oficial de gobierno; debes revisar tu desempeño como líder periódicamente. Hazte las siguientes preguntas: «¿Por qué me sigue la gente? ¿Será porque le pagan para hacerlo? ¿Será porque no pueden encontrar un mejor trabajo? ¿Me siguen porque creen que es su deber? ¿O acaso ven la mano de Dios sobre mi vida? ¿Tengo una trayectoria de éxito? ¿Qué motiva a las personas a seguirme?». La influencia espiritual no surge en forma automática, arbitraria o sencilla. No es algo sobre lo cual los líderes puedan insistir. Es algo que Dios debe producir.

Preguntas

1. ¿Qué cualidades de carácter tienes que atraen a los demás a seguirte? ¿Qué rasgos de carácter entorpecen tu liderazgo?

2. Enumera evidencias de que la mano de Dios está sobre tu liderazgo. Si no hay evidencia clara, ¿qué deberías hacer?

3. ¿Se te conoce como una persona íntegra? Si así es, ¿cuál es la evidencia?

4. Toma un papel y anota las funciones de liderazgo que has cumplido. Junto a cada una, asigna un número del 1 al 10 (el 10 como la calificación más alta), para evaluar el éxito de cada una de tus funciones y tareas. Luego, vuelve y revisa tu trayectoria. ¿Has tenido éxito? ¿Aprendiste de los fracasos iniciales para triunfar en el futuro? ¿Has dejado un reguero de errores sin evidencia de crecimiento alguno? Pregúntale a Dios cómo evalúa Él tu trayectoria de liderazgo y cómo quiere transformarte en un mejor líder.

5. ¿Te has preparado bien para tu función de liderazgo? ¿Hay clases, libros o seminarios que podrías aprovechar para mejorar? ¿Qué harás para perfeccionar tu capacidad como líder?

6. ¿Te conocen como una persona humilde? ¿Cómo puede ayudarte Dios a desarrollar la humildad en los días siguientes?

7. ¿Eres una persona valiente? ¿Cómo evita una falta de valor que des los pasos que Dios te indicó?

Capítulo 5

La influencia del líder:
las acciones

Saber cuál debería ser el rumbo de una organización es una cosa. Otra bien distinta es llevarla hacia allí. Algunas personas ejercen influencia de manera natural. Otros aspiran a guiar, pero les cuesta ganar seguidores. Hacen todo lo que saben para influir sobre los demás, pero no lo logran. Se frustran cada vez más porque nadie los escucha ni valora su opinión.

La capacidad de influir a otros es un requisito esencial para el liderazgo. Puedes hacer planes grandiosos, pronunciar discursos elaborados y trabajar con diligencia, pero, si la gente no te sigue, no estás liderando. El capítulo anterior enumeró rasgos de liderazgo que generan el respeto de los seguidores: la mano de Dios sobre los líderes, la integridad, una trayectoria exitosa, la preparación, la humildad y la valentía. Los líderes aportan estas cualidades gracias a lo que *son*. Pero ¿qué deben *hacer* para influir en las personas?

¿Por qué algunos líderes militares ordenan a sus tropas marchar a un conflicto mortal y sus soldados avanzan con valentía? ¿Por qué hay líderes corporativos que toman empresas con problemas y las vuelven sumamente rentables? ¿Por qué algunos pastores pueden desarrollar iglesias prósperas en ciudades donde otros lo han intentado, pero fracasaron? ¿Por qué algunos padres crían hijos que aman y sirven a Dios, mientras que otros ven cómo sus hijos abandonan sus creencias? A continuación, veremos algunas de las principales herramientas que usan los líderes para influir sobre las personas.

1. *Los líderes oran*

Los líderes deben tener fe en su causa, así como en el éxito de los que lo siguen. Un líder asediado por la preocupación y el temor no inspira a los demás. Los líderes que creen que el cambio es una posibilidad alinean su conducta y sus conversaciones con su fe.

Los líderes espirituales ponen su fe en Dios. Saben que el Señor los llamó y que siempre completa lo que comienza (Fil. 1:6). Quizás la manera más clara en que los líderes demuestran su fe en Dios es a través de su vida de oración. La vida de oración de un líder es crítica por varias razones. En primer lugar, nada de importancia eterna se logra lejos de la actividad de Dios. Jesús declaró: «separados de mí nada podéis hacer» (Juan 15:5). Los líderes que descuidan su relación con Cristo no cumplen la voluntad de Dios. Sin embargo, a los líderes suele costarles orar. En general, son personas de acción y no de reflexión. Conocemos a un pastor que confesó: «Está bien orar y preguntarle a Dios qué quiere hacer a través de tu iglesia, pero yo prefiero ser proactivo en lugar de pasivo». Este hombre no entendió que lo más importante que podía hacer como líder era unirse a la actividad de Dios. En cambio, seguía intentando cosas para Dios, aunque nunca tenía éxito.

Los líderes buscan resultados. Son personas ocupadas. Dedicar tiempo a orar puede parecer una pérdida de tiempo valioso que el líder podría invertir en «hacer» algo. Sin embargo, los líderes que no oran pueden tener una agenda muy ocupada y terminar descubriendo que, a pesar de sus esfuerzos, no pasa nada de consecuencia eterna. La oración bíblica puede ser la actividad más desafiante, agotadora y ardua, pero gratificante, que pueden realizar los líderes.

En segundo lugar, la oración es fundamental porque, para ser un líder espiritual, debes estar lleno del Espíritu Santo. Los líderes no pueden llenarse a sí mismos con la presencia divina; solo Dios puede hacerlo (Ef. 5:18). Aunque todos los cristianos tienen el Espíritu Santo en sus vidas, la *llenura* del Espíritu viene a través de la oración concentrada, ferviente y santificada. Dios prometió: «Me buscaréis y *me* encontraréis, cuando me busquéis de todo corazón» (Jer. 29:13). Sin la actividad del Espíritu, la persona puede ser líder, pero no un líder espiritual.

En tercer lugar, la sabiduría de Dios es una recompensa a la oración dedicada. Dios sabe mucho más que el líder mejor informado (Rom. 8:26-27; 1 Cor. 2:9). Él ve el futuro y conoce las necesidades espirituales de los que siguen al líder. Sabe cómo estará la economía el año próximo. Está seguro de lo que quiere lograr y de cómo pretende hacerlo. La invitación para los líderes es: «Clama a mí, y yo te responderé y te revelaré cosas grandes e inaccesibles, que tú no conoces» (Jer. 33:3). Que los líderes tengan esta relación a su alcance y, aun así, decidan no comunicarse con Aquel que ofrece guiarlos es una negligencia seria en el cumplimiento del deber (Luc. 18:1-8).

En cuarto lugar, los líderes oran porque Dios es todopoderoso. En una hora, puede lograr más de lo que el líder más dinámico alcanza en una década de trabajo esforzado. La promesa de Dios queda abierta: «Pedid, y se os dará; buscad, y hallaréis; llamad, y se os abrirá» (Mat. 7:7). Si alguien está enojado con un líder, la reconciliación puede parecer imposible. Pero Dios puede ablandar el corazón más duro. Para los líderes, puede ser un obstáculo que las personas no quieran cooperar. No obstante, Dios puede cambiar la actitud de las personas. Los líderes pueden enfrentar problemas que parecen imposibles de resolver sin la intervención de Dios. La postura más poderosa que pueden adoptar los líderes es arrodillarse en oración.

En quinto lugar, la oración es el mejor remedio del líder para el estrés. A menudo, los líderes enfrentan situaciones estresantes. Cuando lo hacen, la Escritura los anima a echar toda «ansiedad sobre Él, porque Él tiene cuidado de [ellos]» (1 Ped. 5:7). Puede ser difícil encontrar a alguien a quien comunicarle sus inquietudes. Quizás, los líderes necesiten mantener algunos detalles en confidencialidad. Pero siempre hay alguien listo para llevar sus cargas. Cristo dijo que Su yugo es fácil y Su carga ligera (Mat. 11:28-30). Los líderes que permiten que Cristo lleve su carga emocional y espiritual se liberan de una tremenda presión y pueden abordar las tareas más arduas con paz.

Por último, Dios revela Sus planes a través de la oración. Jesús dio el ejemplo de esta verdad (Mar. 1:30-39). Al principio de Su ministerio público, multitudes de personas enfermas y poseídas por demonios se acercaban en busca de sanidad y salvación. Jesús sanó a muchas personas hasta tarde en la noche. Temprano a la mañana siguiente, el Señor ya estaba orando. La gente quería que se quedara en su ciudad como el sanador local. Si hubiera sido un líder moderno, Jesús quizás habría razonado que, al quedarse en Capernaúm, podía aumentar Su reputación y reunir un grupo de seguidores. En cambio, Jesús buscó la voluntad de Su Padre. Mientras oraba, el Padre reafirmó Su voluntad para Su Hijo: que predicara y enseñara en todos los pueblos y aldeas y, por último, que fuera crucificado en Jerusalén. Cuando los discípulos encontraron a Jesús y le dijeron que los pueblerinos lo buscaban, Jesús respondió: «Vamos a otro lugar, a los pueblos vecinos» (v. 38). Jesús tenía una comunión constante con el Padre y nunca se desviaba de Su misión.

Más que cualquier otra cosa, la vida de oración del líder determina su eficacia. Si los líderes pasan un tiempo habitual en comunión con Dios, la gente notará la diferencia. Cuando los pastores predican, su congregación reconoce si está hablando desde el derramamiento de su relación con Dios. Cuando los líderes aconsejan a otros, la sabiduría de sus palabras revela si están llenos del Espíritu o no. Cuando realizan reuniones de planeamiento, el personal reconoce si la oración inicial está hecha a la ligera o si es un ruego genuino de que Dios guíe el proceso de planificación. La santidad de la vida del líder es un reflejo directo del tiempo que pasa con Dios. Cuando los líderes espirituales toman en serio su tarea de guiar a las personas, se ponen de rodillas y oran.

El liderazgo en un orfanato

A George Müller siempre se lo asociará con la oración eficaz. A través de la intercesión ferviente, Müller estableció un orfanato en Bristol, Inglaterra, en la década de 1800, y vio cómo el ministerio crecía y llegaba a abarcar el cuidado de 2000 huérfanos en 5 orfanatos. Müller viajó más de 300.000 km (200.000 millas) para predicar el evangelio en 42 países. En todo ese tiempo, nunca le pidió dinero a nadie. Apoyó su vasto ministerio exclusivamente en la oración. Además, oraba con fidelidad por la salvación de la gente. En un momento de su vida, observó:

> En noviembre de 1844, empecé a orar por la conversión de
> cinco personas. Oraba todos los días sin dejar pasar uno, sin
> importar si estaba enfermo o sano, en tierra o mar, ni las pre-

siones que generaran mis circunstancias. Pasaron 18 meses antes de que se convirtiera el primero de los cinco. Le di gracias a Dios y seguí orando por los demás. Pasaron cinco años y el segundo se convirtió. Le di gracias a Dios por el segundo y seguí orando por los otros tres. Día a día, seguía orando por ellos y, seis años después, el tercero se convirtió. Le di gracias a Dios por el tercero y seguí orando por los otros dos. Estos dos no se convertían. [...] El hombre a quien Dios, en las riquezas de Su gracia, le ha respondido miles de veces en la misma hora o día en que pronunciaba su oración, ha estado orando todos los días durante casi 36 años por la conversión de estas personas y, aun así, siguen inmutables. Sin embargo, espero en Dios; sigo orando y esperando la respuesta. Todavía no se convirtieron, pero ya lo harán.[10]

El último hombre aceptó a Cristo como Salvador después de la muerte de Müller, pero todos lo hicieron. Tal era la confianza de Müller en Dios y su tenacidad en la oración.

El oficio de líder tendría que ser un centro de oración, desde el cual se eleve una intercesión ferviente hacia el cielo, a favor de aquellos en la organización. A medida que Dios responda las oraciones de los líderes, ocurrirán milagros. Las personas quizás no entiendan por qué se ganan ciertas victorias en el lugar de trabajo o la congregación, pero el líder sí lo sabrá.

2. Los líderes trabajan con esfuerzo

Pocas personas han cambiado el mundo para mejor sin esforzarse. Los grandes líderes varían grandemente en edad, inteligencia, físico y capacidad de oratoria, pero hay una característica que comparte todo líder que cambia al mundo: ¡trabajan con esfuerzo!

Los grandes líderes de la historia tenían mucho para lograr durante el día, así que, en general, empezaban temprano. Mientras los demás dormían, ellos leían informes, estudiaban los asuntos del día y buscaban la guía de Dios.

Los líderes deben ser un ejemplo de ética de trabajo. Tienen que preguntar: «Si la gente de mi organización trabajara con la misma intensidad que yo, ¿cuán productiva sería la organización?».

Si el pastor anima a sus miembros a ofrecer su tiempo libre para servir en la iglesia, él también tiene que estar presente. Si la encargada de la tienda les pide a los empleados que se queden una tarde a hacer el inventario, ella también debe estar allí. Una posición de liderazgo no proporciona inmunidad contra el sacrificio; al contrario, puede requerir un esfuerzo mayor.

Los doce hombres que Jesús llamó para que lo siguieran estaban acostumbrados a trabajar arduamente todo el día, pero ninguno trabajaba más que Jesús. Después de que el Señor alimentó a una multitud, permitió que Sus discípulos se fueran a disfrutar de un merecido descanso, mientras Él se quedaba a despedir a la gente (Mar. 6:45-46). En otra ocasión, Jesús ministró a las personas hasta que estaba tan cansado que ni siquiera una fuerte tormenta lo despertó (Luc. 8:22-24). Otras veces, el Señor dejaba de comer para poder ministrar (Juan 4:31-34). Les enseñaba a Sus discípulos no solo con palabras, sino también con Su ejemplo. Incluso cuando los discípulos de Jesús sufrieron persecución, sabían que el Señor les había dado un modelo de sufrimiento (Mat. 10:24-25).

Los grandes líderes espirituales entienden que hay momentos en los que deben guiar a sus tropas con el ejemplo en lugar de solo órdenes. A Alejandro Magno y a César, se los conocía por ir al frente de sus tropas cuando estas empezaban a vacilar y desanimarse. Una vez, cuando Alejandro Magno avanzaba hacia una ciudad enemiga, sus tropas agotadas se mostraron reacias a escalar los muros. Entonces, Alejandro trepó sobre el almenaje y empezó a repeler soldados enemigos. Sus tropas avergonzadas escalaron con desesperación el muro para rescatar a su rey fervoroso. Alejandro conocía el poder de motivar con el ejemplo, y este fue el liderazgo que inspiró a sus hombres a conquistar el mundo conocido.[11]

La voluntad de sacrificarse le da al líder una autoridad superior a la que le otorga su título. Si los líderes quieren que sus empleados lleguen a trabajar a tiempo, tienen que dar el ejemplo y ser puntuales. Si desean que los demás recorran un camino más largo, ellos tienen que recorrer el doble. Si los líderes necesitan que su equipo trabaje hasta tarde para completar un proyecto, las personas que tienen a cargo no deberían verlo marcar tarjeta apenas llega el horario de salida. Si los líderes ven que su organización está llena de empleados egoístas y holgazanes, tienen que entender que, en última instancia, los empleados son un reflejo de su líder.

El liderazgo no es tarea fácil. Algunos buscan el camino fácil para llegar a ser líderes. Quieren una posición de influencia, pero no están dispuestos a trabajar como corresponde. Se niegan a ayudar en tareas insignificantes en la iglesia y anhelan ministrar frente a toda la congregación. No estudian con cuidado la Escritura, pero, aun así, expresan constantemente sus opiniones sobre la Biblia. Buscan trabajos que requieren un mínimo esfuerzo y proporcionan la máxima recompensa. Le huyen al sacrificio y al trabajo esforzado. Estas personas son las más incompetentes para ser líderes espirituales.

Oswald Sanders observó: «Si no está dispuesto a levantarse temprano y quedarse despierto hasta más tarde que los demás, a esforzarse y estudiar con mayor diligencia que sus contemporáneos, no causará un gran impacto sobre su generación».[12] Hoy en día, no hay más grandes líderes espirituales porque muy pocos hombres y mujeres están dispuestos a pagar el precio necesario. Los líderes espirituales sirven al Rey de reyes. El fruto de su labor es eterno. Esta responsabilidad debería impulsarlos siempre a dar lo mejor.

3. Los líderes se comunican con eficacia

Cuando pensamos en grandes líderes, solemos considerar a estadistas como Winston Churchill, quien fue el primer ministro de Gran Bretaña durante la Segunda Guerra Mundial. Se ha dicho que «movilizaba el idioma inglés y lo enviaba a la batalla».[13] Churchill entendía que escoger la palabra adecuada era crucial para el éxito del líder. Frases famosas como «No puedo ofrecerles más que sangre, esfuerzo, lágrimas y sudor» encendieron una chispa en medio de su nación agobiada por la batalla. Aun así, a pesar de su evidente talento, el éxito de la oratoria de Churchill se debió en gran medida a su arduo trabajo. Cuando era pequeño, Churchill sufría de un impedimento en el habla, y tuvo que esforzarse y trabajar antes de hacerse famoso. Él entendía que no todas las palabras tienen la misma potencia. Los grandes líderes escogen con cuidado sus palabras para producir el máximo impacto. Los líderes exitosos también reconocen el profundo efecto del silencio; los mediocres suelen hablar demasiado. Los líderes excelentes emplean con maestría el silencio y las pausas en su discurso. Hacen que cada palabra cuente.

Los líderes estudian el idioma, el vocabulario y la comunicación. Disciplinan la mente para permanecer despiertos y alerta a las nuevas perspectivas. Los líderes concienzudos invitan a confidentes selectos a evaluar y criticar sus habilidades comunicativas.

Los líderes espirituales deben tener la seguridad de que Dios les dará la capacidad de comunicar cualquier mensaje que les dé (Ex. 3:10-12; Isa. 6:5-7; Jer. 1:9). La clave para la comunicación eficaz es el Espíritu Santo. Esto no invalida la obligación del líder de desarrollar su capacidad lingüística. Sin embargo, el Espíritu Santo puede llenar de poder el discurso de un líder para que produzca un profundo impacto sobre los oyentes.

Muchos estudios demuestran que una de las maneras más eficaces de comunicación es relatar historias.[14] Las historias hablan tanto a la mente como al corazón. Las personas quizás olviden los tres puntos de tu presentación, pero, en general, recordarán una historia bien contada. Las organizaciones tienen historias. Son relatos que ejemplifican el propósito, la misión y la cultura de la organización. Los líderes son sabios si cuentan estas historias muchas veces.

Ivah Bates

Ivah Bates era miembro de la Iglesia Bautista Faith en Saskatoon, Canadá, cuando Henry Blackaby era su pastor. Ivah era una viuda anciana que vivía de un ingreso magro. Cuando la congregación percibió que Dios los estaba mandando evangelizar a estudiantes universitarios, Ivah fue a ver al pastor. Estaba desilusionada porque no podía hacer nada para ayudar en esta tarea, ya que su edad y su frágil salud no se lo permitían. Henry le pidió que fuera la guerrera de oración de la iglesia en favor de los estudiantes universitarios. Siempre que había un estudio bíblico o una actividad evangélica en el campus, le avisaban a Ivah y ella oraba. Un día, un estudiante llamado Wayne le pidió oración a la iglesia mientras se preparaba para hablar de su fe esa semana con su compañero Doug. Al domingo siguiente, Wayne pasó al frente de la iglesia con Doug para presentarlo como un nuevo creyente en Cristo. Mientras la congregación celebraba la salvación de un estudiante universitario, Ivah lloraba de alegría. Sin poner un pie en el campus, había jugado un papel fundamental para alcanzar a Doug para Cristo. A través de los años, muchos estudiantes le dieron gracias a Ivah por su rol en ayudarlos a conocer a Cristo.

Henry contó esta historia y otras similares en la iglesia durante los años que siguieron, y siempre fueron de aliento para los oyentes. ¿Qué comunicaba esta historia? En primer lugar, hablaba de la identidad de las personas. ¿Es posible que seamos demasiado jóvenes o viejos, demasiado ricos o pobres como para que Dios nos use? ¡Por supuesto que no! ¿Es necesario que poseamos las mismas habilidades o educación que otros en la iglesia para que tengamos valor o seamos útiles? No; *todas* las personas son importantes en la iglesia. En segundo lugar, la historia explicó cómo funciona la iglesia. Cuando Dios manda a la congregación a hacer algo, todos los miembros tienen una función importante. Se espera que todos participen. En tercer lugar, el relato mostró los valores de la iglesia. La congregación valoraba la evangelización y la oración. Se apreciaban las contribuciones de la gente. Se tenía en alta estima la obediencia a Dios. Por último, la historia explicó la cultura de la iglesia. La congregación valoraba a los que eran fieles en la oración. Se felicitaba a los que llevaban a otros a Cristo. Historias como la de Ivah respondieron muchas de las preguntas que tenía la gente sobre la iglesia. Cuando los que visitaban la congregación escuchaban la historia, aprendían más sobre el funcionamiento de la iglesia que si hubieran leído la constitución y el reglamento del lugar.

4. Los líderes sirven

En toda la literatura, no hay mejor ejemplo de liderazgo servicial que el que mostró Cristo la noche de Su crucifixión.

> Antes de la fiesta de la Pascua, sabiendo Jesús que su hora
> había llegado para pasar de este mundo al Padre, habiendo
> amado a los suyos que estaban en el mundo, los amó hasta
> el fin. Y durante la cena, como ya el diablo había puesto en

el corazón de Judas Iscariote, *hijo* de Simón, el que lo entregara, *Jesús*, sabiendo que el Padre había puesto todas las cosas en sus manos, y que de Dios había salido y a Dios volvía, se levantó de la cena y se quitó su manto, y tomando una toalla, se la ciñó. Luego echó agua en una vasija, y comenzó a lavar los pies de los discípulos y a secárselos con la toalla que tenía ceñida. Entonces llegó a Simón Pedro. Este le dijo: Señor, ¿tú lavarme a mí los pies? Jesús respondió, y le dijo: Ahora tú no comprendes lo que yo hago, pero lo entenderás después. Pedro le contestó: ¡Jamás me lavarás los pies! Jesús le respondió: Si no te lavo, no tienes parte conmigo. Simón Pedro le dijo: Señor, *entonces* no sólo los pies, sino también las manos y la cabeza. Jesús le dijo: El que se ha bañado no necesita lavarse, excepto los pies, pues está todo limpio; y vosotros estáis limpios, pero no todos. Porque sabía quién le iba a entregar; por eso dijo: No todos estáis limpios.

Entonces, cuando acabó de lavarles los pies, tomó su manto, y sentándose *a la mesa* otra vez, les dijo: ¿Sabéis lo que os he hecho? Vosotros me llamáis Maestro y Señor; y tenéis razón, porque lo soy. Pues si yo, el Señor y el Maestro, os lavé los pies, vosotros también debéis lavaros los pies unos a otros. Porque os he dado ejemplo, para que como yo os he hecho, vosotros también hagáis. En verdad, en verdad os digo: un siervo no es mayor que su señor, ni un enviado es mayor que el que lo envió. Si sabéis esto, seréis felices si lo practicáis (Juan 13:1-17).

En este pasaje, aparecen varios puntos clave para el liderazgo de siervo. En primer lugar, el servicio fluye del amor que los líderes tienen por Dios y por su pueblo. La Escritura afirma: «habiendo amado a los suyos que estaban en el mundo, los amó hasta el fin» (Juan 13:1). Los líderes no pueden servir de verdad a los que no aman. A muchos líderes les cuesta esto porque no están familiarizados con el amor de Cristo. Algunos crecieron en hogares donde no les prodigaron amor. Como resultado, en vez de amar a los que tienen a cargo, se ven tentados a usar a las personas para alcanzar sus objetivos y se frustran con aquellos que los desilusionan.

En el liderazgo, la manera en que se logra algo es tan importante como lo que se alcanza. Cuando una empresa cumple sus objetivos, pero destruye las vidas de sus empleados, tal vez gane la batalla y pierda la guerra. Es posible que una iglesia crezca en cantidad, pero lastime a muchos de sus miembros fieles en el proceso. Los líderes espirituales se esfuerzan por alcanzar sus objetivos, pero no a expensas de los demás.

Muchos líderes corporativos están descubriendo que amar a su gente es bueno para la empresa. Incluso en compañías donde los empleados ganan buenos sueldos, las personas tienen un mejor desempeño cuando creen que sus líderes se interesan por ellas. Cuando los líderes no aman a los que tienen a cargo, se ven tentados a usarlos, descuidarlos o descartarlos.

El segundo requerimiento para el liderazgo como siervo es conocerse a uno mismo. ¿Por qué Jesús pudo humillarse y lavar los pies sucios de los discípulos? La Escritura declara: «Jesús sabía que el Padre le había dado autoridad sobre todas las cosas y que había venido de Dios y regresaría a Dios» (Juan 13:3, NTV). Jesús estaba seguro de Su identidad. Su autoestima no estaba en peligro, por más humillante que fuera la tarea. Sabía que estaba en el centro de la voluntad de Su Padre. Eso cambiaba todo.

En tercer lugar, los líderes siervos deben entender a quién sirven. Cuando hablamos del liderazgo como siervo, hay cierta confusión sobre la motivación para servir. Los líderes espirituales no son siervos de las personas, sino de Dios. En debates sobre el liderazgo como siervo, se suele citar el relato del servicio de Jesús al lavarles los pies a los discípulos, y está muy bien. Pero la Escritura solo registra una instancia de esto. Si Jesús hubiera sido el siervo de Sus discípulos, les habría lavado los pies todas las noches; además, habría aceptado lo que pidió Pedro y no le habría lavado los pies. Pero Jesús no les daba a Sus seguidores lo que ellos querían; estaba haciendo lo que Su Padre le instruyó. Por lo tanto, lo que Jesús le respondió a Pedro fue: «Si no te lavo, no tienes parte conmigo» (Juan 13:8). Las decisiones del ministerio de Jesús no las tomaban los discípulos. Esa era la tarea del Padre. Jesús servía a Su Padre, no a los discípulos.

Cuando terminó, el Señor concluyó: «Porque os he dado ejemplo, para que como yo os he hecho, vosotros también hagáis» (Juan 13:15). Jesús no solo estaba atendiendo a Sus discípulos; les estaba enseñando y demostrando los valores de Su reino. El Espíritu Santo debe motivar y dirigir los actos de servicio de los líderes espirituales. Cuando los líderes no tienen problema de humillarse y ministrar a su gente, alientan una cultura colectiva que promueve el servicio mutuo. Los discípulos de Jesús necesitaban entender que eran siervos de Dios. El Señor los llamaría a ministrarse unos a otros. El Imperio romano pronto sentiría el profundo impacto de semejante amor.

5. Los líderes mantienen una actitud positiva

Los líderes les transmiten su actitud a sus seguidores. Los que están seguros de que tendrán éxito impregnan toda la organización con esta actitud. Los líderes negativos gestan organizaciones pesimistas. Algunos en posiciones de liderazgo suponen que son realistas al esperar lo peor. Piensan que los líderes optimistas son ingenuos. Sin embargo, los verdaderos líderes entienden que, sin importar cuán difícil sea el desafío, un grupo de personas con la guía del Espíritu Santo puede lograr cualquier cosa que Dios se proponga (Rom. 8:31).

Es mucho más agradable trabajar con la guía de un líder alegre que de uno pesimista. Los líderes espirituales permanecen optimistas no solo porque esto sube la moral y, por ende, la eficacia de los que tiene a cargo, sino también porque conocen a Dios. A medida que los líderes pasan tiempo en Su presencia, recuerdan la majestad de Dios y adquieren una perspectiva adecuada de la situación (Isa. 40:12-31).

Algunos líderes de iglesias deciden permanecer en el valle de la desesperación. Se enorgullecen de ser pesimistas porque suponen equivocadamente que esto demuestra una inteligencia superior. Sin embargo, no hace falta ser demasiado inteligente para identificar un problema. ¡Los conflictos están por todas partes! Hace falta mucha más percepción y fe para reconocer la actividad de Dios en medio de los problemas. ¡Los líderes deberían ser expertos en ver a Dios en cualquier circunstancia!

Algunos pastores han observado una disminución en la asistencia a sus congregaciones y han creído que no había forma de salvar a la iglesia de su fin inminente. Un pastor llegó a la conclusión de que, como las últimas tres iglesias que él «guiaba» se habían disuelto, Dios seguramente le había dado el ministerio de cerrar iglesias. ¡Lo decía en serio! ¡Semejante insensatez es una abominación para un Dios todopoderoso! Pastores como este necesitan con desesperación un encuentro nuevo con el Señor resucitado para poder creer que, con Dios, todo es posible (Mat. 17:20; Luc. 1:37).

Nos enteramos de que una pequeña iglesia sufrió años de deterioro. Los miembros que quedaban estaban desalentados y se preparaban para disolver la congregación. Muchos pastores intentaron revivirla, pero parecía imposible detener la caída en picada. El edificio estaba en una condición tan deplorable que había secciones que ya no cumplían con las regulaciones de seguridad de la ciudad. Se habían alquilado dos tercios del lugar a otra congregación para generar algo del ingreso que necesitaban con desesperación. Durante años, los pastores se habían quejado de que era casi imposible que los visitantes localizaran la ubicación de la iglesia. Cada ministro terminaba frustrado por los resultados desalentadores y renunciaba. ¡Incluso había rumores de que la iglesia estaba poseída por demonios! Después de muchos años de luchas, no parecía haber razón para creer que la iglesia se salvaría.

En un último intento desesperado, la congregación llamó a un joven pastor que acababa de graduarse en el seminario. El nuevo ministro se negó a creer que Dios ya no haría nada con esa iglesia. Animó a las personas a orar. Dios empezó a obrar. La gente comenzó a visitar el lugar y a hacerse miembro de la iglesia. Renovaron el edificio. Los ingresos aumentaron. Se pudo contratar a un segundo miembro del personal. Los miembros empezaron a percibir que Dios estaba preparando a la iglesia para algo especial. La reputación de la iglesia en la comunidad cambió y llegó a ser conocida como una de las congregaciones más dinámicas de la ciudad.

¿Qué sucedió? La iglesia siguió reuniéndose en el mismo edificio. El pastor trabajaba con las mismas personas a las que los ministros anteriores habían criticado por su falta de compromiso. La comunidad que los rodeaba estaba igual de endurecida al evangelio que siempre. Nada había cambiado excepto una cosa. La iglesia ahora tenía un líder que creía que, con Dios, todo es posible, y que convenció a sus miembros de creerlo también.

Los grandes líderes no ponen excusas; mejoran la situación. No son irrealistas ni están ciegos ante las dificultades. Sencillamente, no permiten que estas los desanimen.

6. Los líderes animan a los demás

El 2 de agosto de 216 a.C., un oficial llamado Gisgo divisó 87.000 soldados romanos que se preparaban para atacarlos a él y a sus camaradas. Cuando fue a ver a su comandante, Aníbal, Gisgo expresó su seria preocupación de que el inmenso ejército romano eclipsaba su propia fuerza cartaginesa. Al ver la inquietud de su teniente, Aníbal, respondió: «Sí, Gisgo, tienes razón. Pero hay algo que quizás no has notado… Simplemente, esto: en toda esa gran cantidad de hombres que se nos oponen, no hay ni uno que se llame Gisgo».[15] Cuando Aníbal y sus oficiales se rieron juntos, las tropas cercanas notaron la seguridad del comandante frente al conflicto amenazador y recibieron un nuevo vigor. La Batalla de Cannas demostró una de las maniobras militares más brillantes de la historia; casi destruyó por completo al ejército romano y catapultó a Aníbal a la condición de leyenda.

Los líderes no se vuelven grandes por realizar hazañas enormes por sí solos. Alcanzan el éxito al motivar a los demás a triunfar. A menos que puedan inspirar a sus seguidores a dar lo mejor de ellos, los líderes fracasarán.

Algunos líderes son excelentes a la hora de alentar a sus seguidores a alcanzar algo que no podrían haber logrado solos. Alejandro Magno inspiró a su cuadrilla de soldados a seguirlo contra un pronóstico desalentador, y conquistaron el mundo conocido. Jesús inspiró a Sus discípulos a seguirlo, y ellos llevaron el evangelio a todo el mundo.

Hay tres maneras principales de animar a los seguidores. La primera es a través de la *presencia* del líder. Servir en la línea de fuego mientras los oficiales están bien seguros en la retaguardia, lejos del peligro, puede ser desmoralizador. Los mejores líderes encuentran la manera de estar presentes con sus seguidores. Los líderes corporativos más exitosos de la historia visitaban los lugares de trabajo y escuchaban las inquietudes de su personal. Walmart es una empresa estadounidense que se transformó en el distribuidor minorista más grande del mundo. Su fundador, Sam Walton, era famoso por visitar sus tiendas. A veces, visitaba los bodegones en medio de la noche para poder hablar con los camioneros de la empresa. Walton quería ver en persona lo que estaba sucediendo.

Una segunda manera en que los líderes alientan a las personas es a través de sus *palabras*. Esto es cierto especialmente en las organizaciones que dependen de voluntarios. Los grandes líderes nunca pierden la oportunidad de reconocer las contribuciones de los demás y agradecer sus esfuerzos. Las palabras de aliento pueden determinar si una persona se da por vencida, se desanima o decide seguir intentándolo. Algunos de los mejores líderes de la historia hablaban constantemente con palabras de aliento a los que los rodeaban. Como resultado, sus seguidores se esforzaban al máximo.

En tercer lugar, los líderes animan a las personas a través de un *interés* en su bienestar. Los líderes corporativos exitosos saben que, si cuidan bien a sus empleados, ellos responderán con su mejor esfuerzo. Los grandes líderes militares y corporativos de la historia les proporcionaban a sus seguidores las herramientas, las provisiones y el apoyo que necesitaban para mantener la salud, la actitud positiva y la eficacia. Por más irónico que parezca, a veces, los líderes de las iglesias desestiman este importante principio. Algunos pastores usan a su gente para que la iglesia crezca, pero no la aman ni la pastorean. Cuando un pastor ama a su rebaño y lo ayuda a gozar de buena salud, este se reproduce naturalmente. Sin embargo, las ovejas explotadas y enfermas se degeneran y terminan mermando en cantidad. Los líderes que quieren edificar organizaciones fuertes demuestran interés en su gente en forma habitual.

7. *Los líderes se concentran*

Si todo en la vida del líder es una prioridad, entonces nada lo es. Los líderes eficaces entienden que su tiempo es sumamente valioso. Por lo tanto, priorizan las tareas más importantes y se concentran en ellas.

Una de las herramientas más valiosas de los líderes es su atención. Los que logran mucho suelen concentrarse en cuestiones críticas hasta que disciernen una solución. Por el contrario, los líderes que fracasan suelen hacerlo porque nunca le prestaron la atención adecuada a los problemas críticos.

Los líderes no se vuelven grandes por lograr muchas cosas. Tienen éxito por hacer bien algunas tareas importantes. Los líderes que se distraen con muchos detalles no tienen la libertad de concentrar su atención en el puñado de responsabilidades que les pertenecen solo a ellos. Deben quitar de sus agendas cualquier cosa que los distraiga de concentrarse en las responsabilidades más importantes.

El apóstol Pablo era un líder ocupado con muchas responsabilidades. Sin embargo, dijo lo siguiente: «Hermanos, yo mismo no considero haber*lo* ya alcanzado; PERO UNA COSA *HAGO*: olvidando lo que *queda* atrás y extendiéndome a lo que *está* delante, prosigo hacia la meta para *obtener* el premio del supremo llamamiento de Dios en Cristo Jesús» (Fil. 3:13-14, énfasis añadido). Este claro enfoque llevó a Pablo a dejar una huella indeleble en el mundo.

Conclusión

El liderazgo eficaz no sucede por casualidad; es algo deliberado. Los que siguen con diligencia estas siete pautas están en camino a transformarse en líderes espirituales influyentes.

Preguntas

1. ¿Cuán influyente es tu vida de oración como líder? ¿Estás orando como tus seguidores necesitan? ¿Qué ajustes tienes que hacer?

2. ¿Los demás te ven como una persona esforzada? ¿Le estás dando a Dios lo mejor que tienes?

3. ¿Qué podrías hacer para transformarte en un mejor comunicador?

4. ¿Cómo expresas tu interés e inquietud por las personas a quienes guías? ¿Ellas saben que las amas?

5. ¿Tienes una perspectiva positiva o negativa? ¿Cómo podrías transformarte en un líder más positivo?

6. ¿Cómo podrías mejorar en tu forma de alentar a los demás?

7. ¿Estás concentrado en tus prioridades? ¿Con qué facilidad te distraes? ¿Cómo podrías concentrarte mejor en lo más importante?

Capítulo 6

La agenda del líder

l tiempo es uno de los recursos más preciados de un líder. Muchos lo exigen y es algo que puede malgastarse fácilmente. Sin embargo, cuando se invierte bien, Dios puede usarlo para cambiar el mundo. Los líderes sabios le permiten a Dios, y no a las exigencias cotidianas, que determine sus agendas.

Las personas que malgastan sus vidas con pereza y disipación tienen la misma cantidad de tiempo que las que han cambiado el mundo. La clave para el éxito de los líderes no yace en la cantidad de tiempo, sino en su uso.

A continuación, veremos nueve maneras en que los líderes espirituales aprovechan al máximo el tiempo que Dios les da.

1. Los líderes se someten

Los líderes se ven inundados con los planes de todos los demás. La junta de directores, los familiares, los empleados, los clientes, la competencia y los miembros de la iglesia tienen una opinión de lo que los líderes deberían hacer con su tiempo. Cada grupo tiene una motivación distinta. El sustento de los empleados depende intrínsecamente del desempeño del líder. Los familiares también cuentan con él. La gente quiere que resuelva sus problemas. Sin embargo, los líderes no pueden abordar las inquietudes de todas las personas que exigen su tiempo, así que deben someter sus agendas a la voluntad de Dios y dedicarse a las tareas más críticas.

¿Por qué tantos líderes cristianos se desalientan debido al agotamiento y el estrés? ¿Acaso Dios es el responsable? No. El Señor nunca da tareas que superen la fuerza o la capacidad que Él le ha dado a la persona. Cuando la gente se siente abrumada por sus compromisos y responsabilidades, está operando según sus propias prioridades. Los líderes deben examinar cada una de sus responsabilidades para determinar si, sin darse cuenta, han asumido una responsabilidad de trabajo que Dios no les dio.

El apóstol Pablo instruyó a los cristianos: «Por tanto, tened cuidado cómo andáis; no como insensatos, sino como sabios, aprovechando bien el tiempo, porque los días son malos. Así pues, no seáis necios, sino entended cuál es la voluntad del Señor» (Ef. 5:15-17). La clave para el manejo eficaz del tiempo es conocer la voluntad de Dios. Jesús fue el líder por excelencia. Nadie tenía una mayor demanda que Él. Sus discípulos pensaban que sabían cómo tenía que invertir el tiempo (Mar. 10:13,37; Luc. 9:12,33). Los líderes religiosos tenían otros planes para Él (Mat. 12:38; Luc. 13:14). Los enfermos, los pobres y los hambrientos también demandaban Su atención (Mar. 1:37; Luc. 18:35-43; Juan 6:15). La familia de Jesús pensaba que sabía lo que Él tenía que hacer. Algunos le rogaban que se quedara con ellos. Otros querían viajar con Él (Mar. 5:18). Satanás intentó desviar a Jesús de la voluntad de Su Padre. Solo al mantener los propósitos del Padre constantemente presentes, Jesús pudo concentrarse en lo más importante.

¿Por qué se levantaba temprano a orar? Jesús entendía que mantener una relación íntima con Su Padre era lo más importante que podía hacer. ¿Por qué escapaba de las multitudes de vez en cuando para pasar tiempo enseñando a Sus discípulos? Sabía que era importante dedicar tiempo a prepararlos. ¿Por qué el Señor se asociaba con marginados y pecadores como Zaqueo y la mujer samaritana? Sabía que había sido enviado a sanar a los que necesitaban un médico espiritual. Las amistades cercanas también eran importantes para Él, así que pasaba tiempo con María, Marta y Lázaro. De la relación íntima de Jesús con Su Padre, Él obtenía la guía que necesitaba para administrar Su tiempo cada día.

Cuando los líderes entienden la voluntad de Dios, se simplifica la manera de invertir el tiempo. Si Dios le confirma a un pastor que debe dedicar la mañana a estudiar y orar, él sabe que debe rechazar las invitaciones que reciba para reuniones matutinas. Si el Señor le advierte a una líder que esté en su casa a la hora en que sus hijos regresan de la escuela, ella tendrá cuidado para evitar otros compromisos para ese horario. Al conocer la voluntad de Dios, los líderes garantizan un buen manejo de las responsabilidades más importantes.

Los líderes espirituales hacen preguntas como: «¿Cuál es la voluntad de Dios? A la luz de Su voluntad, ¿qué es importante? ¿Qué me está pidiendo el Señor que haga?». Los líderes deben dedicar su tiempo a las cuestiones importantes primero. Si hay que dejar algo de lado, siempre deberían ser las actividades menos críticas. Si los líderes nunca se toman el tiempo para determinar cuáles son las prioridades que Dios les dio, dedicarán demasiado tiempo a proyectos secundarios a su objetivo principal.

2. *Los líderes eliminan*

Las agendas de los líderes revelan dos cosas: las actividades que deciden hacer y las que deciden *no* hacer.

Los líderes son susceptibles al complejo de Mesías. Pueden suponer que solo su participación garantiza el éxito de una iniciativa, así que se sumergen en la mayor cantidad de proyectos posible. Van de reunión en reunión, intentando garantizar el éxito de todos los emprendimientos de la organización. Deben entender que su éxito como líderes no depende de lo que logren personalmente, sino de la sabiduría que demuestren en su función de liderazgo. Una práctica inteligente es dedicar siempre tiempo a orar antes de asumir una nueva responsabilidad. Lo que parece posible o atractivo en el momento puede perder importancia una vez que Dios aporta Su perspectiva.

A algunos líderes les cuesta decir que no porque su autoestima los obliga a ser indispensables. Cuanto más ocupados están, más importantes se sienten. Les preocupa que, si no emprenden una nueva tarea, los demás pensarán menos de ellos como líderes. O temen que, si rehúsan servir en un comité, ya no se lo pedirán la próxima vez. Entonces, estos líderes cansados se sumergen en cuestiones secundarias y no pueden dar lo mejor de sí mismos en lo más importante.

Los buenos líderes rechazan oportunidades en forma habitual. Es más, rechazan más de lo que aceptan. Al negarse a participar de proyectos, estos líderes no están menospreciando la actividad, como si fueran demasiado importantes para realizarla. Por el contrario, reconocen sus limitaciones y administran así su tiempo. Dios no les da a las personas más de lo que pueden manejar, pero la gente suele asumir responsabilidades que no debe.

Los líderes sobrecargados a menudo no tienen idea de cómo se volvieron tan ocupados. Las responsabilidades se van apilando a medida que los líderes intentan meter a la fuerza una tarea más en sus vidas ajetreadas. Las personas con agendas sobrecargadas deben preguntarse: «¿Qué elementos de mi calendario tendría que haber rechazado o delegado?». A medida que los líderes se encuentren a diario con Dios, Él establecerá sus prioridades. Es necesario desmalezar la agenda de actividades innecesarias para que las de Dios puedan florecer.

Una práctica sabia para los líderes es hacer una auditoría anual de sus compromisos. Tienen que preguntar: «¿Es beneficioso que sirva en este comité un año más? ¿Tengo que hacerme cargo de este proyecto el año siguiente o ya he contribuido lo que debía? ¿Qué compromisos tuve el año pasado que ya no es necesario que asuma este año?». Al hacer estas preguntas, los líderes van podando sus agendas de actividades y responsabilidades secundarias a su propósito principal.

3. *Los líderes cultivan rutinas saludables*

Para muchas personas, la rutina es anatema porque parece limitar su libertad. Sin embargo, los líderes sabios cultivan rutinas saludables para garantizar el cumplimiento de sus prioridades. No todos los líderes tienen la misma genialidad, capacidad de oratoria o creatividad, pero el seguimiento de una rutina le permite a la gente común y corriente alcanzar resultados extraordinarios con el tiempo.

Algunos líderes disfrutan de la libertad de la espontaneidad. No obstante, una vida impetuosa puede ser esclavizante. Si no organizas tu vida, alguien más lo hará. Cada llamado telefónico o persona que entra a tu oficina determina tu agenda. Para los líderes, es mejor garantizar las actividades críticas en su calendario que someterse a los caprichos de todos los que los rodean.

Algunos están cansados de la rutina porque temen sentirse sofocados o quedarse estancados. Sin embargo, la rutina puede ser tan única como la persona que la realiza. Winston Churchill seguía meticulosamente la misma rutina todas las semanas, la cual incluía una siesta vespertina a diario. Churchill observó que, al descansar en ese momento, podía trabajar hasta tarde por la noche y prepararse para el día siguiente en ese momento tranquilo, mientras los demás dormían. A la mañana, ya estaba bien informado y preparado para los sucesos del día. Churchill afirmaba que, al seguir este régimen inusual, era mucho más productivo que si respetaba los horarios convencionales.

Muchos líderes de la historia se levantaban temprano. Mientras los demás dormían, ellos se preparaban para el día, leían informes y planeaban un curso de acción. Estos líderes no necesariamente dormían menos que los otros, sino que tenían horarios distintos.

La vida de Jesús parecía seguir un horario diferente cada día, pero Él también tenía una rutina. La Escritura indica que, con frecuencia, Jesús oraba hasta tarde en la noche y temprano por la mañana. Como pasaba tiempo con el Padre habitualmente, los sucesos del día nunca lo tomaban por sorpresa. Jesús tenía que realizar una obra más importante que cualquier otro de la historia, y mostró serenidad en todo Su ministerio. ¿Por qué? Permitió que el Padre estableciera la agenda para Su vida.

Los que no programan las responsabilidades importantes siempre terminan descuidándolas. La rutina ahorra tiempo. Si los líderes pasan un tiempo habitual con Dios a primera hora de la mañana, no malgastan tiempo todos los días considerando qué hacer primero. La agenda ya determinó sus prioridades.

Por último, la rutina protege a los líderes del desequilibrio en sus esfuerzos. Como la mayoría de nosotros, los líderes se sienten naturalmente atraídos a tareas agradables, mientras que eluden las que no son placenteras. La única manera de asegurarse de cubrir el amplio espectro de responsabilidades es que el líder programe con cuidado las actividades diversas.

Sin embargo, hay un límite importante para la rutina. Aunque puede ser útil, cuando se abusa de ella, se transforma en un dictador inflexible. Los líderes espirituales entienden que Dios tiene el derecho de intervenir en su agenda cuando le parezca apropiado. Protegen sus agendas de los que quieren usurparlas, pero aceptan gustosos la intervención divina. Los líderes espirituales suelen descubrir que lo que parece ser una interrupción a primera vista es, en realidad, una invitación divina. Los líderes sabios siempre hacen lugar para la intervención de Dios en sus agendas.

4. Los líderes delegan

La cantidad de trabajo que pueden realizar los líderes es directamente proporcional a su capacidad de delegar tareas. Los líderes que no quieren delegar limitan su productividad a su propia resistencia física, su creatividad e inteligencia. Los líderes que asignan tareas a otras personas tienen un potencial ilimitado de producción.

Una de las lecciones bíblicas más conocidas sobre la delegación ocurrió en el ministerio de Moisés. El pueblo sabía que Moisés hablaba cara a cara con Dios. Siempre que había un problema, naturalmente, la gente quería que Moisés fuera el juez. Como resultado, una larga fila de personas esperaba su turno para hablar con el estimado líder (Ex. 18:13-26). Desde el atardecer al amanecer, Moisés trataba problemas que otros podrían haber resuelto por él. Recién cuando su suegro, Jetro, intervino con sabiduría, Moisés designó a otros para manejar gran parte de su responsabilidad. No solo se redujo así la carga administrativa de Moisés, sino que el pueblo empezó a recibir consejo de una manera más rápida y eficiente. Es más, otros líderes se hicieron responsables del bienestar del pueblo. El error de Moisés fue suponer que, como podía hacer algo, entonces debía hacerlo.

Los líderes eficaces se preguntan constantemente: «¿Habrá alguien más que pueda realizar esta tarea?». Los líderes espirituales no se deleitan en lo que pueden lograr en forma personal, sino en lo que están haciendo los que los rodean. Ahora bien, hay tareas que un líder no puede delegar. Tiene la responsabilidad de escuchar a Dios y guiar su organización a hacer Su voluntad. Los líderes deben asegurarse de que las tareas importantes se le asignen a la gente adecuada; de que la cultura corporativa esté segura, en buen estado y sea productiva; y de que la organización se concentre en su misión. Por lo tanto, tienen que delegar otras tareas para tener el tiempo para concentrarse en estas responsabilidades cruciales. Como regla general, si los demás *pueden* hacer la tarea que el líder está manejando, entonces *deben* hacerla.

Hay innumerables razones por las cuales los líderes no delegan. Algunos son perfeccionistas que suponen que nadie puede hacer su trabajo tan bien como ellos. Otros son personas orientadas a las tareas, y prefieren completar el proyecto ellos mismos en lugar de tomarse tiempo para preparar a otros para hacerlo. A algunos les cuesta pedirles a los demás que hagan algo y les resulta más sencillo hacer la tarea que reclutar a otros. Otros líderes están tan desorganizados que, cuando se dan cuenta de que se aproxima una fecha límite, es demasiado tarde para encontrar ayuda. Entre las habilidades de liderazgo, es fundamental dominar el arte de delegar.

5. *Los líderes se concentran*

Los líderes que no pueden concentrarse quedan atrapados en las interrupciones y distracciones infructuosas. Los líderes tratan cuestiones significativas como el futuro y los valores de la organización, así como la contratación del personal más prominente. No pueden colocar estas cuestiones al azar, en huecos de quince minutos. Tienen que asignar períodos considerables de tiempo para meditar sobre estos asuntos cruciales. Algunas organizaciones no desarrollan ideas nuevas, innovadoras y revolucionarias porque sus líderes no asignan suficiente tiempo para que los que están a su cargo lo hagan. Las grandes ideas no surgen de un pensamiento precipitado.

La diferencia entre los gerentes y los líderes se hace evidente aquí. Los gerentes suelen quedar enredados en las tareas cotidianas para mantener el correcto funcionamiento de la organización; los líderes a veces deben dar un paso atrás de las operaciones diarias para obtener una perspectiva más amplia sobre cuestiones como la naturaleza y el futuro de la organización. Otra diferencia clave entre los líderes y los gerentes es que los gerentes son responsables de *la manera* en que algo se hace; los líderes deben considerar *por qué* se hace.

Además, los líderes deben dedicar tiempo a estar con empleados y voluntarios clave. Aunque los encuentros breves con las personas pueden ayudar a mantener el contacto personal, no reemplazan el tiempo de calidad con la persona. Si los líderes quieren entender de verdad a su gente y comunicarle su aprecio, tienen que dedicar más de unos minutos de vez en cuando. Los desayunos o almuerzos de trabajo ayudan a edificar las relaciones. Los líderes sabios dividen su tiempo en segmentos lo suficientemente grandes como para dedicar el tiempo necesario a sus tareas y también a la gente. Los líderes corporativos de hoy han sido entrenados para realizar múltiples tareas a la vez. Aunque esto puede permitirles lograr muchas cosas, no fomenta el pensamiento profundo ni el desarrollo de estrategias avanzadas.

6. Los líderes programan tiempo tranquilo con Dios

El tiempo que se pasa en la presencia de Dios nunca es infructuoso. Todo lo que hacen los líderes espirituales fluye de su relación con Dios. El Señor otorga la visión que tienen para su organización. Él establece la agenda del día. Determina los valores de la organización y guía la elección de personal. Los líderes espirituales que se desorientan respecto a Dios ponen en peligro sus organizaciones. Por desgracia, muchos líderes permiten que otras actividades se adelanten a su tiempo con Dios. Harían bien en recordar que segamos lo que sembramos (Gál. 6:7). Si los líderes intentan actuar con su propia fuerza y sabiduría, lograrán el resultado correspondiente. Pero, si esperan en el Señor, experimentarán lo que solo Dios puede alcanzar. La mentalidad del líder es crucial. Si considera su tiempo con Dios como algo que le brinda una simple inspiración, se verá tentado a dejar pasar la experiencia. Si cree que este tiempo es una consulta fundamental con el Creador del universo, entonces lo protegerá con diligencia, sin importar cuáles sean las exigencias del día.

La caída del rey Saúl ocurrió cuando se apresuró y no respetó los planes de Dios (1 Sam. 13:5-14). Los israelitas se enfrentaban al odiado ejército filisteo en Gilgal. El enemigo tenía 30.000 carros de guerra, 6000 hombres a caballo y un gran contingente de infantería. Dios le instruyó a Saúl que no arremetiera contra el enemigo hasta que llegara Samuel a ofrecer sacrificio al Señor. Saúl esperó con impaciencia siete días, mientras sus soldados abandonaban las filas continuamente. Saúl quería la protección y el poder de Dios para su ejército, pero era impaciente, así que ofreció él mismo el sacrificio. De inmediato, apareció Samuel y reprendió al arrogante rey. Saúl ganó la batalla ese día, pero su falta de paciencia le costó el reino y, al final, la vida.

Los líderes deberían aprender del error de Saúl. Pocos líderes espirituales cuestionarían abiertamente su necesidad de pasar tiempo en oración, pero su estilo de vida revela que no valoran ese compromiso de tiempo a diario. Los líderes espirituales deben permanecer en oración el tiempo necesario hasta que estén seguros de que Dios les habló y les dio Su bendición.

7. *Los líderes programan tiempo de calidad con su familia*

Una observación sobre muchos de los líderes famosos de la historia es que, aunque guiaron con éxito su nación, su ejército, su empresa o su iglesia, no pudieron tener una influencia positiva en su familia. Algunos líderes políticos han logrado la reconciliación entre facciones en guerra, pero han sufrido el alejamiento de un hijo. Hay pastores que están siempre a disposición de los miembros de la iglesia, pero sus hijos rara vez los ven. Muchos líderes corporativos pueden resolver cualquier problema en el trabajo, pero no pueden lograr la armonía con su cónyuge en el hogar. Fracasar en el hogar es fracasar en la vida.

El rey David fue un líder sumamente exitoso. Es más, inspiró a un grupo de hombres poderosos a servirlo con lealtad (2 Sam. 23:8-39). No obstante, David no les prestó la atención adecuada a sus propios hijos. Cuando su hijo Amnón violó a su media hermana Tamar, David se puso furioso, pero no hizo nada (2 Sam. 13:21). Permaneció al margen aunque Tamar había sufrido un horrible abuso, Amnón había demostrado un terrible defecto de carácter y Absalón estaba sumamente dolido por su hermana. David era el único padre que sus hijos tenían, y lo necesitaban. Más adelante, cuando Absalón regresó a Jerusalén del exilio, pasó dos años sin que su padre intentara hablar con él. Este descuido terminó en una guerra civil que destruyó el reino de David (2 Sam. 14:28).

Los líderes tienen agendas ocupadísimas. Sin embargo, Dios nunca le pide a un líder que descuide a su familia en forma rutinaria para ejercer el liderazgo sobre su organización. Es más, la iglesia primitiva insistía en que los que no podían llevar adelante a su familia fueran descalificados de posiciones de liderazgo (1 Tim. 3:4-5). Hay varias razones para esto. En primer lugar, si los líderes no pueden ser fieles con sus responsabilidades más importantes, no se les pueden confiar otros compromisos. En segundo lugar, si los líderes pueden desilusionar y fallarles a las personas que más los aman y confían en ellos, ¿cómo se puede confiar en su guía? En tercer lugar, la credibilidad del líder viene primero de su hogar y luego de su trabajo. Si las personas que más los conocen no los respetan ni confían en ellos, es natural que los demás también cuestionen su fiabilidad.

Los líderes sabios dedican tiempo a desarrollar una relación íntima y amorosa con su cónyuge. Se hacen tiempo para estar con cada uno de sus hijos. La mayoría de los líderes están ocupados. Pero, además, suelen ser personas orientadas a resolver problemas. Es necesario que apliquen sus mejores habilidades de liderazgo para construir un hogar saludable y lleno de amor y alegría.

8. Los líderes programan tiempo para su salud

Algunos líderes llevan una vida contradictoria. Guían a su organización a ser fuerte, saludable y próspera, mientras que, al mismo tiempo, se permiten el sobrepeso, no están en forma y están siempre agotados. Las personas tienen límites. Cuando viven al borde de su capacidad (ya sea en las finanzas, el tiempo, el sueño o la salud emocional), corren un gran riesgo. El cuerpo humano se descompone si funciona constantemente al límite.

Es de vital importancia que las personas dejen espacio en sus vidas para las crisis o las oportunidades inesperadas. La falta permanente de sueño tiene consecuencias nefastas sobre el cuerpo. Nadie puede soportar acontecimientos emocionalmente agotadores sin reponerse de alguna manera, como a través de un tiempo a solas, momentos con Dios, los pasatiempos, las amistades, las vacaciones o la risa. La gente que siempre gasta más de la cuenta se dirige a la ruina financiera. De la misma manera, los que saturan sus calendarios y no dejan espacio para interrupciones imprevistas son vulnerables. Los líderes que no dejan tiempo en su agenda anual para una vacación relajante se dirigen a un colapso inevitable. Los líderes saludables administran bien su vida personal para estar preparados para administrar la salud de su organización.

Desde el principio del tiempo, Dios ha enfatizado la necesidad de descansar (Gén. 2:2-3).

Jesús mismo necesitaba restauración y soledad. Después de ministrar a las multitudes todo el día, Jesús y Sus discípulos buscaban deliberadamente un momento de calma (Mar. 6:45). Al principio de la última semana de Jesús en la Tierra, sus buenos amigos, Lázaro, Marta y María, lo atendieron (Juan 12:1-3). En la noche culminante de Su arresto y crucifixión, Jesús decidió cenar con Sus amigos más cercanos (Luc. 22:7-13).

Los líderes que no cuidan su salud no tienen la misma eficacia que los líderes saludables. No está bien obsesionarse con el buen estado físico, pero ignorar las cuestiones de salud es, en última instancia, decidir ser menos eficaz a largo plazo. Los líderes que no cuidan su salud les presentan a sus seguidores una pregunta apremiante: «Si nuestros líderes no pueden administrar bien su cuerpo, ¿cómo podemos confiarles el cuidado de nuestra organización?».

9. Los líderes evitan perder el tiempo

La tecnología

Los líderes deben protegerse de cualquier cosa que les robe tiempo valioso. Los medios sociales son tan dominantes que las personas están casi siempre conectadas. Pasan una gran cantidad de tiempo leyendo noticias, mirando programas, conversando con amigos, comprando, jugando o buscando información en Internet. La tecnología puede ser sumamente útil para mantener a los líderes conectados con otros y para proporcionarles información al instante. Sin embargo, también puede causar muchos problemas. Una inquietud cada vez mayor en los lugares de trabajo es la cantidad de tiempo que pierden los empleados revisando sus cuentas en los medios sociales o navegando por Internet. Aún peor son los sitios pornográficos e inmorales que no solo quitan una gran cantidad de tiempo, sino que también infligen graves daños financieros, emocionales, relacionales y espirituales.

Los líderes deben protegerse de perder horas todos los días en los medios sociales. Tienen que poder pasar tiempos de reflexión prolongada y profunda. Esto es difícil si sus teléfonos inteligentes los alertan constantemente de que tienen un nuevo mensaje. Algunos líderes se han disciplinado para revisar mensajes solo en ciertos momentos del día, o apagan los mensajes mientras trabajan en proyectos importantes. Debemos destacar que, a medida que el mundo se vuelve más complejo y peligroso, muchos líderes se distraen cada vez más.

Las conversaciones superficiales

A muchos líderes les gusta pasar tiempo con la gente. Sin embargo, las conversaciones informales pueden consumir un valioso tiempo. Los líderes deben mostrar un interés genuino en las personas. Está bien preguntar cómo están y disfrutar un momento de risa. Sin embargo, entienden que las conversaciones no siempre tienen que ser largas para ser significativas. Comprenden la diferencia entre una conversación importante y una charla superficial, y nunca le dedican demasiado tiempo a la última.

La desorganización

La desorganización puede ser la ruina del líder con las mejores intenciones. Los líderes sabios usan herramientas de organización para supervisar sus citas y tareas. Mantienen actualizados sus calendarios para estar preparados para cada compromiso. Los líderes eficaces responden su correspondencia a tiempo. Mantienen su escritorio organizado y los documentos archivados para que la información esté siempre accesible. Proveen un bosquejo de antemano a los que asisten a sus reuniones para que todos lleguen bien preparados y aprovechen el tiempo. Los líderes eficaces no pierden su tiempo ni el de los demás. Empiezan y terminan las reuniones a tiempo. Cumplen con sus compromisos en el tiempo pactado. Se organizan para tener una máxima eficacia.

Conclusión

Al considerar lo que Dios puede lograr con tu tiempo, es pecaminoso malgastarlo. Pídele al Señor que te muestre en qué estás perdiendo el tiempo. Haz los ajustes necesarios en tus horarios y hábitos hasta que estés usando cada minuto de tu día para la gloria de Dios.

Preguntas

1. ¿De qué maneras estás perdiendo el tiempo? ¿Cómo podrías mejorar?
2. ¿Qué rutinas saludables puedes desarrollar para que tu vida sea más productiva y sana?

Capítulo 7

Los peligros y las recompensas del liderazgo

Todos los años, miles de líderes hacen naufragar sus carreras, organizaciones y familias al tomar decisiones insensatas. ¿Por qué algunos líderes van de victoria en victoria, mientras que otros empiezan con promesa, pero terminan en desastre? Imagina cómo sería el reino de Dios hoy si los líderes espirituales que el Señor llamó todavía estuvieran cumpliendo con su llamado divino. Este capítulo examina diez de los peligros más comunes del liderazgo.

1. El orgullo

El orgullo puede ser el peor enemigo de los líderes, y ha causado la caída de muchos. El orgullo es peligroso porque se disfraza fácilmente de piedad o celo por Dios. Los líderes pueden estar sirviendo a Dios y, de repente, llenarse de orgullo. El orgullo se muestra de diversas maneras, algunas más evidentes y otras más sutiles; pero todas letales para la eficacia del líder.

El orgullo desorienta a los líderes

El orgullo ciega a los líderes, no deja que vean la realidad y los lleva a verse con una proporción distorsionada. Los tienta a exagerar su importancia y minimizar la función de Dios y de los demás. Moisés, uno de los líderes más importantes de la historia, experimentó este error de percepción. Mientras clamaba a Dios en el tabernáculo, cayó con humildad sobre su rostro ante el Señor (Núm. 20:6). Sin embargo, cuando salió, se paró ante el pueblo y preguntó enojado: «Oíd, ahora, rebeldes. ¿Sacaremos agua de esta peña para vosotros?» (Núm. 20:10). Apenas momentos atrás, Moisés se había humillado ante Dios. Pero ahora, hablaba como si los milagros que hacía surgieran de su propio poder, en lugar de ser mérito de Dios. Este orgullo no quedó sin castigo. El Señor no comparte Su gloria con nadie (Isa. 42:8). El orgullo se adjudica el crédito del éxito de una organización, mientras minimiza la contribución de los demás. Las encuestas a empleados demuestran que una de las principales razones de su insatisfacción es que el jefe se adjudica el crédito del trabajo de los empleados.

El orgullo se ve con mayor claridad cuando las personas hacen alarde de sus logros. El autor de Proverbios instó: «Que te alabe el extraño, y no tu boca; el forastero, y no tus labios» (Prov. 27:2). Dios aborrece la arrogancia (Prov. 6:16-17). Cuando los líderes alardean constantemente de lo que han hecho para que su organización tenga éxito, están invitando a Dios a que los humille (Prov. 16:18).

El orgullo no permite que el líder aprenda

El orgullo cierra la mente. Cuando los líderes suponen equivocadamente que nadie podría manejar su organización tan bien como ellos, se vuelven resistentes al consejo sabio. Los líderes orgullosos son impacientes con los que no aceptan de buena gana sus opiniones y, al hacerlo, dejan pasar grandes oportunidades.

El rey Acab era un comandante militar sumamente capaz, pero tenía una falla fatal: desestimaba el consejo piadoso. Cuando le propuso al rey Josafat que combinaran sus ejércitos para atacar a los arameos, Josafat sugirió que primero pidieran consejo. Acab quería confiar en sus propias habilidades de liderazgo, pero, para calmar a su colega justo, mandó a llamar a sus consejeros religiosos. Sedequías, el jefe de los 400 consejeros de Acab, predijo respetuosamente lo que Acab quería escuchar: una absoluta victoria. Insatisfecho, Josafat pidió que se consultara a Micaías, el profeta del Señor. Acab objetó: «lo aborrezco, porque nunca profetiza lo bueno en cuanto a mí, sino siempre lo malo» (2 Crón. 18:7). Y, como era de esperar, Micaías profetizó que las fuerzas de Acab serían destruidas y Acab moriría. A través de Su profeta, Dios le advirtió a Acab sobre un desastre. ¿Cómo respondió el rey? Arrojó al profeta en la cárcel y marchó a la batalla. El orgullo de Acab lo ensordeció al consejo sabio y, al final, le costó la vida (2 Crón. 18).

Los líderes que tuvieron mucho éxito en el pasado quizás supongan que ya no les queda nada por aprender de los demás. Esta arrogancia los hace vulnerables.

Si los líderes eficaces tienen alguna cualidad en común, es la de un espíritu que busca consejo. Proverbios nos asegura: «El temor del Señor es el principio de la sabiduría; los necios desprecian la sabiduría y la instrucción [...] porque la sabiduría entrará en tu corazón, y el conocimiento será grato a tu alma; la discreción velará sobre ti, el entendimiento te protegerá» (Prov. 1:7; 2:10-11).

El orgullo le quita poder espiritual al líder

Es imposible estar lleno del Espíritu Santo y de orgullo al mismo tiempo. Cuando el orgullo entra en el corazón, el poder de Dios se retira. Esta fue la experiencia de Sansón. Dios le dio a Sansón un poder inusual para vencer a los enemigos de su nación. Sin embargo, después de disfrutar muchas victorias, Sansón empezó a considerar su fuerza como propia en lugar de un regalo de Dios. Ignoró lo que el Señor había dicho y supuso que podía vivir como quería y mantener el mismo poder de siempre. En respuesta, Dios quitó Su mano poderosa de la vida de Sansón. Trágicamente, la Escritura afirma: «Pero no sabía que el Señor se había apartado de él» (Jue. 16:20). Sin la presencia de Dios en su vida, Sansón pronto experimentaría el fracaso. Los líderes sabios siempre son conscientes de que, a pesar de su éxito pasado, no pueden hacer nada lejos de su relación íntima con Cristo (Juan 15:5).

El orgullo vulnera al líder

Alguien dijo sobre Julio César: «Su ego siempre era el centro de atención».[16] Aunque su confianza en sí mismo le permitió realizar proezas hercúleas, también lo llevó a la imprudencia y a un desdén por el peligro. A pesar de que le advertían constantemente que tuviera guardaespaldas a su alrededor, desairó a sus consejeros y, en los idus de marzo, entró al teatro de Pompeya donde 23 senadores lo apuñalaron salvajemente.

Los líderes que permiten que su orgullo crezca sin medida terminan perdiendo sus relaciones, su credibilidad y, en última instancia, su posición de liderazgo.

El autor de Proverbios advierte con sabiduría: «Delante de la destrucción *va* el orgullo, y delante de la caída, la altivez de espíritu» (Prov. 16:18). De la misma manera, la Escritura alerta: «Dios resiste a los soberbios pero da gracia a los humildes» (Sant. 4:6). Jesús dio esta advertencia: «todo el que se ensalza será humillado, pero el que se humilla será ensalzado» (Luc. 18:14) Las personas orgullosas se enfrentan a Dios como su oponente. Esto debería motivar incluso a los líderes más engreídos a meditar sobre sus caminos.

2. El pecado sexual

Si el orgullo es el peligro más insidioso, el pecado sexual es el más notorio. Muchos líderes han caído debido al pecado sexual. Hoy, los líderes no solo deben cuidarse de relaciones que no agradan a Dios, sino también de la pornografía, en especial en Internet. La pornografía es sumamente adictiva y no solo ha destruido matrimonios y ministerios, sino que también ha seducido la mente de los líderes.

Los líderes pueden protegerse del pecado sexual de varias maneras. En primer lugar, al considerar su peligro y su propia vulnerabilidad (Prov. 6:20-35; 14:12). En segundo lugar, al colocar vallas protectoras en sus vidas que los guarden de la tentación (Job 31:1). Esto incluye, por ejemplo, tener la política de no encontrarse nunca a solas con alguien del sexo opuesto. Esto quizás requiera que tu cónyuge participe en la contratación del personal que trabaja cerca de ti. Cuando Billy Graham estaba desarrollando su ministerio internacional, su equipo elaboró políticas estrictas que todos acordaron respetar.[17] Esto los protegió de escándalos durante 60 años, y Graham se transformó en el evangelista más famoso de la historia. Por último, los líderes rinden cuentas a otros. La característica más común de aquellos que cometen pecado sexual es que se aíslan de los que podrían haberles advertido sobre el peligro. Los líderes sabios se rodean de consejeros sabios y sinceros, y después hacen caso al consejo (Prov. 24:6; Ecl. 4:9-12).

3. El cinismo

El liderazgo implica trabajar cerca de la gente, pero siempre hay alguien que te lastimará y te desilusionará. Con el tiempo, los líderes pueden experimentar fracaso, críticas, traición y ataques. Estas experiencias dolorosas pueden hacer que se cansen de las nuevas iniciativas o que se vuelvan cínicos y no quieran trabajar con la gente. Poco a poco, pueden volverse negativos y pesimistas. Para empeorar las cosas, la actitud de los líderes es contagiosa. Si ellos tienen una visión negativa y pesimista, su organización terminará adoptando la misma perspectiva.

Los líderes deben proteger su actitud y negarse a permitir que el negativismo se instale. Pueden hacerlo si mantienen los ojos en Cristo y no en los problemas. Esto no significa que los líderes ignoren sus dificultades, sino que las vean a la luz de la presencia y el poder de Cristo. Cuando los discípulos se enfrentaron a una tormenta en el mar, exclamaron: «¡Nos vamos a ahogar!» (Luc. 8:24, NTV). Sin embargo, por más que la situación parecía peligrosa, si Jesús estaba presente, estaban a salvo. Más tarde, Jesús les pidió a Sus discípulos que alimentaran a 5000 hombres y sus familias. Una vez más, era una situación que parecía imposible (Luc. 9:13). Jesús les enseñó a Sus discípulos que su primera impresión negativa era desacertada.

Los líderes se esfuerzan por mantener una actitud positiva sin importar lo que enfrenten. Si siempre ven las circunstancias a la luz del Cristo resucitado, triunfante y soberano, ¡siempre serán optimistas! ¡Es imposible ver a Dios tal como es y seguir siendo pesimistas! (Isa. 40).

4. La avaricia

Los líderes deben recibir una compensación razonable por sus esfuerzos (1 Tim. 5:17-18). Sin embargo, tienen que huir del amor al dinero (1 Tim. 6:10). El objetivo del líder tiene que ser glorificar a Dios a través de su liderazgo, en lugar de acumular riquezas. Sin embargo, el encanto del dinero ha llevado a muchos líderes a tomar malas decisiones. A veces, terminaron actuando en forma poco ética o hasta ilegal. Otros han exigido sueldos o beneficios exorbitantes. Muchos líderes exitosos han arruinado sus carreras al preocuparse por acumular posesiones en lugar de recibir el favor de Dios. Algunos están siempre buscando otros trabajos que paguen mejor, aunque Dios los está bendiciendo a ellos y sus familias con el trabajo que tienen en la actualidad. Otros han ignorado la guía divina y no aceptaron posiciones de servicio porque no proporcionaban una remuneración «aceptable». ¡Ten cuidado y no supongas que Dios nunca te llevará a una posición que requiera una reducción en tu sueldo! Los líderes sabios no se dejan esclavizar por el dinero y están siempre libres para servir a Cristo.

5. La pereza mental

Las personas que han cambiado la historia solían pensar de manera distinta de sus contemporáneos. Descubrieron soluciones que los demás no encontraban. Crearon métodos o estilos nuevos que nadie más imaginaba. Una de las grandes habilidades que poseen los líderes es su capacidad de aprender. Esto les permite superar cualquier desafío.

Los verdaderos líderes se toman el tiempo para procesar sus experiencias. Cuando una reunión sale mal, evalúan el tiempo poco productivo y consideran adoptar un enfoque distinto la próxima vez. Cuando la gente tiene problemas, los buenos líderes meditan sobre las causas. ¿Será la persona adecuada para ese trabajo? ¿Habrá recibido la capacitación y las herramientas correctas? ¿Tiene la información que necesita? Los líderes procesan los hechos e intentan determinar la verdad de la situación. Las circunstancias difíciles pueden tomar por sorpresa a los líderes, pero, una vez que hay un problema, los líderes dominan la situación después de tomarse el tiempo para reflexionar en oración.

Jesús les enseñó a Sus discípulos a procesar sus circunstancias para formarlos como líderes. En un momento, los doce discípulos no entendían lo que sucedía a su alrededor. Jesús ya les había dado autoridad para echar fuera demonios y sanar enfermedades (Luc. 9:1). Como resultado, ellos habían realizado milagros. Sin embargo, poco después, al enfrentarse a una multitud de personas hambrientas, consideraron la situación y le pidieron a Jesús que despidiera a la multitud porque no podían alimentar a tanta gente (Luc. 9:12). Si los discípulos hubieran considerado el poder que Jesús había demostrado hasta entonces, habrían entendido que alimentar a una multitud no le resultaría difícil. Jesús alimentó milagrosamente a la multitud, pero los discípulos tampoco procesaron esa instancia. Marcos 6:45 indica que inmediatamente después de que Jesús alimentó a los 5000, envió a los discípulos en un barco por el mar de Galilea hasta Betsaida. Cuando se levantó una tormenta, ellos entraron en pánico. ¿Por qué no confiaron en Jesús en medio de la tormenta después de semejante evidencia de Su poder divino? La Escritura indica: «porque no habían entendido lo de los panes, sino que su mente estaba embotada» (Mar. 6:52). Como los discípulos no habían aprendido nada de sus experiencias anteriores, no estaban preparados para enfrentar nuevos desafíos. Jesús los reprendió por ser lentos para entender los eventos y las enseñanzas que tenían frente a ellos (Luc. 9:41). Los líderes sabios permiten que el Espíritu Santo les enseñe permanentemente, ya sea mientras leen un libro, enfrentan un desafío o superan un error. Como están siempre aprendiendo, los líderes expanden en forma continua su capacidad para guiar.

El problema de algunos líderes es que, con el tiempo, se vuelven mentalmente perezosos. Cuando eran jóvenes, estaban siempre leyendo y aprendiendo. Se inscribían en clases y hacían preguntas. Sin embargo, después de conseguir un trabajo o haber sido ascendidos a la gerencia, dejaron de aprender. Ya no leen para adquirir conocimiento. Y, como dejan de crecer, estos líderes no tienen nada nuevo para ofrecerle a su gente. Su conocimiento y habilidades quedan obsoletos. La historia revela que algunos líderes hicieron su mayor contribución durante la juventud. Después, durante el resto de su vida, disfrutaron de la gloria de sus éxitos tempranos, pero no lograron nada más. ¡Es mucho mejor ser un líder que constantemente aprende, crece y expande su capacidad para guiar!

6. La hipersensibilidad

Un hombre de mediana edad y aspecto distinguido nos contó una vez esta historia: solía ser pastor, pero algunos miembros no lo querían y atacaban su liderazgo. Su conducta lo desmoralizó y, al final, renunció y prometió no volver a ser pastor nunca más. Poco después, un amigo lo invitó a unirse a una incipiente empresa como vicepresidente. La compañía floreció y el expastor se transformó en un empresario adinerado y respetado. Varios años después, la iglesia a la que asistía ofreció el curso de discipulado de *Experiencia con Dios*. A través de este estudio, Dios le recordó al hombre su llamado al ministerio. Él renunció a su trabajo lucrativo y comenzó a pastorear una iglesia pequeña. Por poco, la crítica le roba al hombre la alegría de servir con gozo al Señor.

Las personas que no pueden manejar las críticas deben tener cuidado de aceptar posiciones de liderazgo. Las críticas, los desafíos y la oposición no son aspectos agradables, pero son inevitables en el liderazgo. Los grandes líderes no son inmunes a la crítica; es más, suelen recibirla en sus variedades más maliciosas. Muchos han renunciado en forma prematura a su función de liderazgo porque no soportaban las críticas en su contra.

¿Cómo deben responder los líderes a los ataques de los críticos? Tienen que examinar con sinceridad su corazón para asegurarse de que la crítica no tenga mérito. Sin embargo, el viejo dicho de que «toda crítica tiene algo de verdad» no es cierto. Algunos ataques son falsos y no vienen de parte de Dios. Los líderes pueden hallar seguridad en las promesas del Señor: «Ningún arma forjada contra ti prosperará, y condenarás toda lengua que se alce contra ti en juicio. Esta es la herencia de los siervos del Señor, y su justificación viene de mí —declara el Señor» (Isa. 54:17). Los líderes sabios dejan que Dios pruebe la pureza de sus motivaciones y la sabiduría de sus acciones (Sal. 26:1). La sabiduría de una decisión correcta se evidenciará con el tiempo.

A los líderes espirituales no los motiva agradar a las personas, sino honrar a Dios. Temen al Señor más que a los demás (Prov. 1:7). Los que quieren evitar la crítica no son adecuados para el liderazgo. Los verdaderos líderes espirituales buscan la voluntad de Dios y la siguen con firmeza.

A veces, los líderes suponen equivocadamente que, si reciben una crítica, seguro es la voluntad de Dios o cometieron algún error. No obstante, lo opuesto puede ser verdad. Jesús dijo: «"Un siervo no es mayor que su señor." Si me persiguieron a mí, también os perseguirán a vosotros» (Juan 15:20). Los líderes y sus seres queridos están mucho más seguros si los critican por permanecer dentro de la voluntad de Dios que si los alaban mientras viven fuera de ella. Siempre y cuando el líder sepa que está haciendo lo que el Señor le pidió, no debería moverse por más hostilidad que enfrente.

7. El letargo espiritual

Mientras los hijos de Israel se preparaban para entrar a la tierra prometida, Dios les dio el siguiente mensaje: «he puesto ante ti la vida y la muerte, la bendición y la maldición. Escoge, pues, la vida para que vivas, tú y tu descendencia, amando al Señor tu Dios, escuchando su voz y allegándote a Él; porque eso es tu vida»

(Deut. 30:19-20). Dios se expresó con toda claridad. Si Su pueblo mantenía una relación de amor con Él, experimentarían una vida de bendición. Si descuidaban la relación, eso llevaría a la muerte. Por desgracia, muchos líderes ignoran este consejo divino.

Pueden verse tentados a justificar el descuido del tiempo con Dios por sus agendas ocupadas. La oración y el tiempo de estudio de la Escritura pueden apurarse o abandonarse en un esfuerzo por completar las tareas principales. Los líderes espirituales siempre deben recordar que su autoridad no viene solo de su posición, su título o su educación, sino de su relación con Dios. Si descuidan la fuente de su poder espiritual, su liderazgo sufrirá las consecuencias.

Además del infinito valor de conocer a Dios en forma personal, una relación sólida con el Señor tiene muchísimas ventajas para los líderes. Una buena relación con Cristo les permite reconocer cuándo Dios les está hablando. Si empiezan a desarrollar un hábito poco saludable, Dios los redirecciona y Su Espíritu los guía a reacomodar sus prioridades. El Señor los aconseja a la hora de tomar decisiones importantes. Les da la fuerza interior que les permite permanecer firmes en sus convicciones. A través de una relación fuerte con el Dios todopoderoso, los líderes reciben fortaleza, ánimo, convicción de pecado y guía del Espíritu de Dios para que sus esfuerzos no sean en vano.

8. La negligencia en el hogar

Los líderes suelen tener capacidad para trabajar con personas y alcanzar sus objetivos. En general, saben inspirar a los demás, armar equipos y resolver problemas. Por lo tanto, es desconcertante que tantas familias de líderes tengan problemas.

Considera algunos ejemplos bíblicos. Noé era el hombre más justo sobre la Tierra, pero su hijo lo deshonró (Gén. 9:24-27). Elí era el líder religioso más importante de su nación y, aun así, crió hijos malvados (1 Sam. 2:12-17,22). Samuel era el líder más piadoso de su época, pero sus hijos crecieron e hicieron el mal (1 Sam. 8:1-3). David era un hombre conforme al corazón de Dios; sin embargo, sus hijos le causaron mucho dolor (2 Sam. 13:1-22,28-29; 16–18; 1 Rey. 1:6). Josafat fue un rey piadoso que crió un hijo malvado (2 Rey. 8:18).

Ezequías fue un rey justo, pero crió a uno de los monarcas más perversos de la nación (2 Rey. 21:1-18). Josías fue un monarca devoto, pero ninguno de sus hijos siguió su ejemplo (2 Rey. 23:32-37). Es trágico que los líderes dediquen sus vidas a guiar a otros, pero no puedan liderar bien sus propias familias. Los líderes sabios no dejan de guiar cuando llegan a su casa. ¡Allí es donde hacen su mejor tarea!

9. La desatención administrativa

A los buenos líderes casi nunca se los toma por sorpresa o mal preparados, porque prestan atención a los detalles administrativos. Algunos líderes son visionarios. Concentran toda su atención en el destino, pero descuidan los planes y la preparación necesarios para alcanzar su objetivo. Algunos líderes suponen que, como dieron un discurso, su gente adoptó la visión corporativa o que la cultura de la organización ya está bien. Estos idealistas se sorprenden al descubrir que su organización no se parece en nada a lo que creían.

Un director ejecutivo puede suponer que sus empleados apoyan su visión, pero termina saboteado por dos vicepresidentes que socavaban su autoridad en secreto. O un pastor cree que su gente apoya su pasión por las misiones y después queda atónito cuando sus diáconos le piden que renuncie. Muchos líderes bienintencionados se han visto sorprendidos por problemas en su organización, aunque había señales evidentes de advertencia.

Los líderes son responsables de al menos tres aspectos de las organizaciones. En primer lugar, deben garantizar que la organización esté avanzando hacia la misión que Dios le dio. En segundo lugar, tiene que asegurar que las actividades de la organización están dirigidas a alcanzar esa misión. En tercer lugar, debe asegurar que haya un personal preparado, solidario y eficaz para materializar su misión. Tener el propósito, los procesos y las personas correctos es fundamental para el éxito de la organización.

Los líderes sabios no hacen suposiciones. Disciernen los hechos para su organización. Hablan con las personas y escuchan sus inquietudes. Cuando hay un conflicto, los líderes lo resuelven con rapidez para que no se intensifique y afecte a toda la organización. Si la gente está rindiendo menos de lo esperado, causa problemas o se niega a acatar instrucciones, los líderes abordan el problema enseguida. No permiten que los problemas crezcan. Los enfrentan en forma rápida, exhaustiva y decisiva.

Además, los líderes evalúan los procesos. Solo porque la organización siempre hizo algo de determinada manera no significa que deba seguir haciéndolo así. Cuando un método no produce los resultados deseados, los líderes hacen una rápida evaluación e implementan los ajustes necesarios. La gente se siente segura si sabe que sus líderes abordarán rápidamente cualquier problema que evite que la organización prospere.

Los líderes no pueden saber el futuro de la economía global o lo que otras organizaciones harán, pero pueden garantizar que su propia organización funcione en óptimas condiciones. Para esto, es necesario prestar atención a los detalles, en forma personal y estar dispuesto a hacer lo que sea necesario. Los líderes que prestan atención a la administración de su personal y sus procesos tendrán éxito a largo plazo.

10. *Las posiciones demasiado prolongadas*

A algunos líderes les cuesta saber cuándo termina su trabajo. Quizás han guiado su organización durante muchos años y disfrutado de innumerables victorias. Ahora, quieren permanecer el resto de su carrera en su posición actual. El problema surge cuando los líderes ya no son eficaces, pero no están dispuestos a ceder su lugar. Por ejemplo, un pastor quizás plantó una congregación hace 20 años. Durante mucho tiempo, la iglesia tuvo un crecimiento saludable. Sin embargo, ahora tiene un tamaño que requiere capacidades administrativas que el pastor no tiene. Como resultado, el crecimiento se ha estancado y las personas están descontentas. Los líderes principales se están yendo a servir en otras iglesias.

El problema es que la identidad de muchos líderes está vinculada a su posición. Disfrutan del respeto y la influencia que reciben por su rol de líder, así que no quieren cederles el lugar a los líderes más jóvenes, incluso cuando es evidente que hace falta un cambio. Estos líderes pueden volverse ciegos a la realidad de que ya no son los contribuyentes valiosos que solían ser. Como experimentaron éxito en el pasado, creen que todavía son los más indicados para su puesto. Tristemente, estos líderes suelen invalidar gran parte de la contribución positiva que hicieron a la organización en sus comienzos al negarse a hacerse a un lado cuando sus habilidades comienzan a menguar. Además, como no se van cuando deberían, pierden oportunidades de servir en otras funciones en que podrían haber sido exitosos.

El ejemplo bíblico clásico de un líder que permaneció demasiado tiempo en su mandato es el del rey Ezequías. Ezequías fue un gobernante eficaz y justo. Sobre su reinado, la Biblia concluye: «Confió en el Señor, Dios de Israel; y después de él, no hubo ninguno como él entre todos los reyes de Judá, ni *entre los* que fueron antes de él» (2 Rey. 18:5). Después de catorce años de reinado, Ezequías contrajo una enfermedad terminal. El profeta Isaías le aconsejó que se preparara para morir. Cuando Ezequías lloró amargamente y oró para salvarse, Dios le concedió su pedido y le prometió quince años más de vida.

Si Ezequías hubiera aceptado la voluntad de Dios, su período de liderazgo habría sido intachable. Pero, durante la extensión de su mandato, cometió dos graves errores. Cuando lo visitaron embajadores de Babilonia, Ezequías reveló con vanidad los tesoros de su reino. Esta indiscreción insensata perseguiría a sus sucesores cuando los ejércitos babilonios regresaran para quitarle a Judá sus riquezas. En los años adicionales que Dios le concedió, Ezequías también tuvo un hijo, Manasés. Sin embargo, no lo crió en el temor del Señor. Cuando Ezequías murió, Manasés ascendió al trono y comenzó el reinado más largo y perverso de la historia de Judá. Cuando terminó el reinado de Manasés, la inmoralidad y la idolatría de Judá habían llegado a un punto tan intolerable que el juicio de Dios sobre la nación era irrevocable. Al prolongar su liderazgo más allá de lo que Dios había establecido, Ezequías plantó las semillas para la perdición de su nación.

A los líderes mayores, a menudo les cuesta bendecir a la generación más joven. A veces, desacreditan a sus contrapartes más jóvenes por ser demasiado ingenuos, radicales o inexpertos como para llevar a cabo tareas importantes de liderazgo. Otros líderes pueden desconfiar de los nuevos métodos que usan los más jóvenes, aun cuando sea claro que dan resultado. Los líderes ancianos deberían ser los que más apoyen a la generación incipiente. Sin embargo, muchos han perdido la oportunidad de aconsejar a la siguiente generación porque prefieren criticar en lugar de bendecir. Los líderes mayores deben recordar que, aunque pueden jubilarse de sus carreras, jamás podrán abandonar su llamado. Los que se han comprometido a crecer y aprender continuamente no necesitan aferrarse a sus trabajos. Dios siempre tiene nuevos desafíos para los líderes que se preparan y confían en Él para el futuro.

Las recompensas del líder

Aunque hay muchos peligros que obstaculizan el camino del líder, también hay grandes recompensas para disfrutar si hacen bien su tarea. Ya conocemos las recompensas tangibles para los líderes. Pueden ser mejores sueldos, una oficina más grande, más influencia y un mayor prestigio. Aunque estos beneficios pueden ser agradables, no tienen que ser la razón por la cual una persona busque una posición de liderazgo. Sin embargo, hay otras recompensas menos evidentes que Dios les concede a los líderes espirituales que traen una gran satisfacción. Las siguientes son cuatro de las más importantes:

1. La afirmación de Dios

Los líderes exitosos pueden recibir muchos elogios y reconocimiento durante sus carreras, pero no hay distinción que se compare con la satisfacción de saber que a Dios le agrada lo que estás haciendo. El Señor tiene infinitas maneras de expresar que se deleita en ti. El apóstol Pablo explicó así la motivación de su vida: «He peleado la buena batalla, he terminado la carrera, he guardado la fe. En el futuro me está reservada la corona de justicia que el Señor, el Juez justo, me entregará en aquel día; y no sólo a mí, sino también a todos los que aman su venida» (2 Tim. 4:7-8). La mayor recompensa que pueden obtener los líderes espirituales es la afirmación de Dios.

La Escritura proporciona muchos ejemplos de hombres y mujeres que agradaron a Dios. Job era un hombre de negocios cuya justicia en la Tierra glorificaba al Señor en el cielo (Job 1:8; 2:3). Daniel era un funcionario de gobierno cuya conducta al servicio del rey le ganó la estima de la corte celestial (Dan. 9:23). Elisabet era la esposa de un sacerdote; una mujer justa delante de Dios y, por lo tanto, halló favor ante el Señor (Luc. 1:6,25). María era una joven cuya pureza moral le valió la alabanza de Dios (Luc. 1:28). Al Padre celestial le agradó tanto la vida de Jesús que declaró: «Tú eres mi Hijo amado, en ti me he complacido»

(Luc. 3:22). Jesús les prometió a Sus discípulos que, si sus vidas honraban a Dios, ellos también recibirían una gran recompensa en esta vida, así como en el cielo (Luc. 18:28-30). No te quepa duda: ninguna recompensa majestuosa puede compararse con escuchar que tu Señor declara: «Bien, siervo bueno y fiel; en lo poco fuiste fiel, sobre mucho te pondré; entra en el gozo de tu señor» (Mat. 25:23).

2. El cumplimiento de tu llamado divino

Todas las personas tienen un propósito divino para sus vidas. Dios pone a las personas en la Tierra en determinado momento, lugar y circunstancias para cumplir Su voluntad y glorificarse. Es maravilloso llegar al final de tu vida y saber que cumpliste el propósito que Dios te dio cuando te creó.

La Escritura afirma sobre el rey David: «Porque David, después de haber servido el propósito de Dios en su propia generación, durmió, y fue sepultado con sus padres» (Hech. 13:36). David estaba lejos de ser perfecto, pero el Señor lo usó para cumplir Sus designios celestiales. No hay ambición más noble que alcanzar la voluntad de Dios para tu vida.

Dios llama a algunos a servirlo en posiciones de liderazgo (Ef. 4:11). Si esas personas hacen cualquier otra cosa, se conforman con menos de lo que Dios tiene para sus vidas.

Pablo se esforzó por seguir a Dios en forma incondicional. Los que abrazan los propósitos divinos y los buscan con diligencia pueden hacerse eco de lo que dijo el apóstol: «no fui desobediente a la visión celestial» (Hech. 26:19). Alcanzar el máximo potencial para tu vida produce una gran satisfacción. Al final de Su vida, Jesús oró a Su Padre celestial: «Yo te glorifiqué en la tierra, habiendo terminado la obra que me diste que hiciera» (Juan 17:4). Mientras Jesús colgaba de la cruz del Calvario, a punto de exhalar Su último aliento, gritó triunfante: «¡Consumado es!» (Juan 19:30). Jesús recibió la tarea más difícil de la historia y obedeció con fidelidad hasta el final.

Los líderes hallan una gran satisfacción al saber que sus vidas han dejado una huella positiva en el mundo. Algunos líderes tienen un impacto positivo sobre toda la nación. Líderes como Moisés y Josué llegaron al final de sus vidas sabiendo que, cuando empezaron a liderar, la nación estaba cautiva. Al final de sus vidas, el pueblo era libre. Otros pueden liderar en medio de la guerra y proteger a su gente de sus enemigos. Un agricultor como Gedeón se regocijaría toda la vida al saber que, cuando su nación lo necesitó más que nunca, Dios lo usó para liberarla de sus enemigos. Madres como Ana, Elisabet y María creerían que su mayor contribución a la sociedad fue haber criado a sus hijos para transformarse en adultos temerosos de Dios.

Las contribuciones de la gente varían. Uno puede plantar una iglesia que siga expandiendo el reino de Dios mucho después de haber partido. Otro quizás levante una escuela al borde de la disolución y la transforme en una institución próspera. Algunos otros sirven como misioneros durante muchos años y saben que hay personas que pasarán la eternidad en el cielo por cómo invirtieron ellos sus vidas. Otros sirven con fidelidad en tareas al parecer insignificantes o pequeñas, pero saben que les espera una recompensa en el cielo.

En el mejor de los casos, la vida es fugaz y pasa rápidamente. Lo que hacemos en el tiempo breve que Dios nos concede sobre la Tierra es lo que nos sigue a la eternidad. Bienaventurados los que invierten bien su tiempo, cumplen su propósito divino y reciben la recompensa prometida.

3. Las recompensas de las relaciones

Al emperador romano Tiberio no le importaba en lo más mínimo el afecto de su pueblo. Lo único que deseaba era su respeto.[18] Como resultado, cuando murió, se ofrecieron oraciones públicas en todo el imperio para que su alma fuera atormentada en el infierno.[19] Los líderes trabajan en el ámbito de las personas. Entonces, los buenos líderes deberían esperar que muchas de sus recompensas vengan de lo que invirtieron en los demás. Hay dos relaciones principales de las cuales surgen recompensas abundantes.

La familia

Los líderes deben recordar que lo más probable es que no siempre tengan la posición actual de liderazgo. Cuando termine su trabajo en la oficina, ¿a quién encontrarán esperándolos en casa? Los líderes que cultivaron la relación con su cónyuge a través de sus años de liderazgo tendrán la recompensa de una persona amorosa y leal que los acompañe en los últimos años de su vida. Por desgracia, los que descuidan a su cónyuge o no cultivan una relación saludable con su compañero para toda la vida pueden experimentar el éxito en su carrera, pero sufrir un profundo dolor en el hogar.

Los líderes que invierten en sus hijos recibirán una gran recompensa más adelante en la vida. Pocas recompensas se comparan con la de tener hijos adultos que te aman y te respetan. Es una gran alegría poder ser amigo de tus nietos. No hay éxito en el liderazgo que valga la pena si pierdes las alegrías de la vida en familia. Invertir en la familia es como ahorrar dinero para la jubilación. Puede parecer una carga cuando eres joven, pero, más adelante en la vida, ¡tu inversión dará grandes dividendos!

Los amigos

Warren Buffet, que en un momento fue la persona más rica del mundo, observó: «Si llegas a mi edad en la vida y nadie te tiene en alta estima, no importa cuán abultada sea tu cuenta bancaria; tu vida es un desastre».[20] El mundo nos insta a acumular riquezas y posesiones para alcanzar la felicidad. No obstante, los líderes sabios entienden que los amigos que uno gana a lo largo de la vida proporcionan grandes alegrías y recompensas. Los amigos son personas que se interesan por ti y disfrutan de tu compañía, no porque se les pague para trabajar para ti, sino porque les agradas como persona. Es triste ver a alguien que pasa muchos años en funciones de liderazgo, pero tiene pocas personas a quienes considera amigos genuinos.

David atraía amigos leales. Una de las amistades más famosas de la Escritura es la de David y Jonatán. Aunque puede haberle costado su herencia, Jonatán amó a David «como a sí mismo» (1 Sam. 18:1-4). Aun cuando le advirtieron que David podía usurpar su trono, Jonatán no se volvió en contra de su amigo (1 Sam. 20:30-33). David también tenía un grupo de amigos conocido como «Los valientes de David». Entre ellos, se encontraba Abisai, el sobrino de David, quien muchas veces puso su vida en peligro por amor a él (1 Sam. 26:8; 2 Sam. 16:9; 21:16-17; 23:8-39). David no siempre podía confiar en sus esposas o sus hijos, pero, en general, sus amigos fueron fieles toda la vida.

Cuando los líderes usan a las personas para alcanzar sus objetivos, suelen terminar con pocos amigos. Los líderes espirituales bendicen a los demás. En toda una vida de liderazgo, esto debería motivar a muchos a amarlos y apreciarlos. Una manera de medir tu éxito como líder es evaluar las amistades que hiciste mientras liderabas. Si te interesas en las personas a las que guías, siempre tendrás amigos donde trabajes.

4. La recompensa de dejar un legado

En su lecho de muerte, Augusto César exclamó: «Encontré una Roma hecha de ladrillos, y les dejo una hecha de mármol».[21] El éxito de un líder se puede medir por la contribución que hizo para los demás. No hace falta que vivas mucho para ejercer un impacto duradero. La importancia de un legado es que les permite a los líderes seguir teniendo influencia mucho después de haber partido.

Tu legado podría ser un edificio que construiste. Las pirámides de Egipto han permanecido miles de años como testimonio del poder y la riqueza de los antiguos faraones. Las organizaciones pueden sobrevivir a las personas, ya sea una empresa, una iglesia o un orfanato. Los descubrimientos científicos y las obras de arte o literatura pueden inmortalizar a una persona. El mayor legado de un líder suele ser la influencia que tuvo sobre las personas. Hay al menos tres grupos de personas a los que impacta un líder.

Lo más importante para los líderes debería ser su *familia*. La Escritura urge constantemente a los padres a dedicarse a sus hijos (Deut. 6:6-9,20-25). Dios quiere que los padres críen «hijos que vivan para Dios», que lo sirvan en la próxima generación (Mal. 2:15-16, NTV). Sabe que toda la labor de un líder puede ser destruida en una generación. El rey David construyó un reino glorioso, pero su nieto perdió a diez de las doce tribus (1 Rey. 12:1-20). El rey Ezequías se esforzó para fortalecer a Judá. Sin embargo, los 55 años de reinado de su malvado hijo Manasés exterminaron todo el bien que su padre había hecho (2 Rey. 23:26). El rey Josías intentó traer un avivamiento a su nación, pero ninguno de sus hijos continuó con su tarea. Josué declaró que él y su familia servirían al Señor (Jos. 24:15). Sin embargo, no se informa que sus hijos hayan servido al Señor en su época como su padre hizo en la suya (Jue. 2:10-11). ¡Qué trágico es que tus hijos arruinen el trabajo de toda tu vida! Por el contrario, qué recompensa gloriosa es que tus descendientes se aferren a tu fe y extiendan tu obra mucho más allá de lo que llegaste a hacerlo.

Un segundo foco importante para los líderes lo conforman sus *colegas*. Las personas con las que trabajas a diario deberían sentir el pleno impacto de tu vida. Conocemos a un pastor de una iglesia pequeña donde hubo más de 100 personas con un llamado al ministerio cristiano bajo su liderazgo. El pastor se encontraba con ellos una vez al año para darles libros e infundirles ánimo mientras cumplían con su llamado divino. Este pastor creía que su mayor contribución no era la tarea que él mismo hacía en el ministerio, sino los resultados acumulados de los 100 pastores que servían en otras iglesias como resultado de su liderazgo. Los grandes líderes también invierten en la próxima generación para que haya un sucesor que los reemplace algún día. Moisés fue un gran líder, pero fue Josué, su sucesor, quien al final guió a los israelitas a entrar en Canaán. Elías fue el profeta más poderoso de su época; sin embargo, Eliseo, su sucesor, hizo más del doble de milagros. Aunque parezca increíble, Jesús declaró: «En verdad, en verdad os digo: el que cree en mí, las obras que yo hago, él las hará también; y aun mayores que éstas hará, porque yo voy al Padre» (Juan 14:12). Cuando Jesús ascendió al cielo, la Iglesia todavía estaba centrada en Judea y Galilea, pero con el poder del Espíritu Santo los discípulos de Jesús llevaron el evangelio a todo el mundo. Los líderes sabios invierten en la próxima generación de líderes para que su obra continúe a través de las generaciones.

Conclusión

El mundo está lleno de problemas. La mayoría de las cuestiones que enfrentamos hoy es resultado de una falla en el liderazgo de ayer. Dios puede estar llamándote a una función de liderazgo. Ya sea que lo sirvas en tu casa, tu iglesia o tu empresa, tienes que triunfar. Hay demasiado en juego como para que fracases.

Gracias a Dios, tu éxito no depende de tu inteligencia, tu educación, tu dinero o tus fuerzas. El Señor es perfectamente capaz de usar tu vida para cambiar el mundo. La clave es tu respuesta. ¿Rendirás tu vida por completo en manos de

Dios? ¿Le obedecerás sin importar lo que cueste? ¿Consagrarás toda tu vida a Él, aunque sea difícil? ¿Seguirás avanzando por imposible que parezca la tarea?

La historia está llena de ejemplos de personas comunes y corrientes a quienes Dios usó para hacer cosas extraordinarias. Nuestra oración es que esta también sea tu experiencia. Jamás olvides que el Cristo que te llamó te está guiando, te sostiene y «es poderoso para hacer todo mucho más abundantemente de lo que pedimos o entendemos, según el poder que obra en nosotros» (Ef. 3:20).

Preguntas

1. ¿A cuáles de los peligros enumerados en este capítulo crees que eres más vulnerable? ¿Qué harás para protegerte?

2. ¿Cómo te cuidas del orgullo?

3. ¿Qué vallas de seguridad has colocado en tu vida para protegerte del pecado sexual?

4. ¿Cómo sigues creciendo como líder? ¿Qué más podrías hacer?

5. ¿Has tenido éxito en tu casa como líder? ¿Qué podrías hacer para tener mejores resultados?

6. Hasta ahora, ¿cuál ha sido tu mayor recompensa como líder?

7. Si murieras hoy, ¿cuál sería tu legado?

Sobre los autores

El Dr. Henry T. Blackaby es un autor y orador de renombre internacional. Sirvió como pastor en California y Canadá durante 30 años. Además, fue director de misiones y se desempeñó en su denominación como director de oración y avivamiento espiritual. Fundó Blackaby Ministries International para ministrar en todo el mundo, ayudando a las personas a experimentar a Dios. Henry es el autor y coautor de más de 50 libros, entre los que se destacan: *Experiencing God: Knowing and Doing the Will of God* [Experiencia con Dios: cómo conocer y hacer la voluntad de Dios], *Fresh Encounter* [Un nuevo encuentro], *Holiness* [La santidad], *Experiencing the Cross* [Experiencia con la cruz], *Called to Be God's Friend* [Llamado a ser amigo de Dios], *Your Church Experiencing God* [La iglesia que experimenta a Dios] y muchos más. Dios ha usado su libro de mayor venta, *Experiencing God*, para llevar un avivamiento a muchas personas y congregaciones. Henry ha hablado en la Casa Blanca, el Pentágono, las Naciones Unidas y en 115 países, pero su deseo más profundo siempre fue animar a los pastores y las iglesias.

El Dr. Richard Blackaby ha sido pastor, director de seminarios y, en la actualidad, es el presidente de Blackaby Ministries International. Ha escrito muchos libros junto a Henry, su padre, entre ellos: *Experiencing God: Revised Edition* [Experiencia con Dios: edición revisada], *Spiritual Leadership: Moving People on to God's Agenda* [Liderazgo espiritual: movilizar a las personas hacia los planes de Dios], *Fresh Encounter, Hearing God's Voice* [Cómo escuchar la voz de Dios], *Experiencing God: Day by Day* [Experiencia con Dios: día a día], *Called to Be God's Leader: Lessons from the Life of Joshua* [Llamado a ser un líder de Dios: lecciones de la vida de Josué], *Being Still With God* [Quedarse quieto con Dios], *God in the Marketplace* [Dios en el mercado] y *Flickering Lamps: Christ and His Church* [Lámparas titilantes: Cristo y Su Iglesia]. Además, escribió: *Putting a Face on Grace: Living a Life Worth Passing On* [Refleje la gracia de Dios… y viva la vida como un legado], *Unlimiting God* [Cómo evitar limitar a Dios], *The Seasons of God* [Las épocas de Dios], *Experiencing God at Home* [Mi experiencia con Dios en el hogar], *The Inspired Leader* [El líder inspirado] y *Customized Parenting in a Trending World* [Una crianza personalizada para un mundo de actualización constante]. Richard trabaja con directores ejecutivos cristianos de empresas norteamericanas y habla internacionalmente sobre varios temas que incluyen el liderazgo espiritual en la iglesia, el hogar y el lugar de trabajo. Puedes seguirlo en Twitter: @richardblackaby, o Facebook: Dr. Richard Blackaby.

Blackaby Ministries International www.blackaby.net se dedica a ayudar a las personas a experimentar a Dios. Tiene libros y recursos para ayudar a los cristianos en los ámbitos de la experiencia con Dios, el liderazgo espiritual, el avivamiento, el mercado y la familia. Además, hay recursos para adultos jóvenes y niños.

Notas

[1] E. Mosely, «Incarcerated – Children of Parents in Prison Impacted», consultada el 11 de mayo de 2016. http://www.tdej.state.tex.us/gokids/gokids_articles_childrenimpacted.html.

[2] http://www.answers.com/topic/george-mallory.

[3] Max DePree, *Leadership Jazz* (Nueva York: Dell, 1992), 47.

[4] Para un estudio más exhaustivo del liderazgo de Josué, véase Henry Blackaby y Richard Blackaby, *Called to Be God's Leader* (Nashville, TN: Thomas Nelson, 2004).

[5] John Pollock, *Moody: a biographical portrait of the pacesetter in modern mass evangelism* (Grand Rapids, MI: Baker Books, 1963), 89.

[6] Billy Graham, *Just As I Am* (Nueva York: HarperCollins, 1997; Harper Paperbacks ed., 1998), 163-64.

[7] Para una lectura inspiradora sobre este tema, véase V. Raymond Edman, *They Found the Secret* (Grand Rapids, MI: Zondervan, 1984); Wesley Duewel, *Ablaze for God* (Grand Rapids, MI: Francis Asbury, 1989); Andrew Murray, *Absolute Surrender* (Norcross, GA: Trinity Press, 2013).

[8] L. R. Scarborough, *With Christ after the Lost* (Nashville, TN: Broadman, 1952), 79.

[9] Graham, *Just As I Am*, 852.

[10] Basil Miller, *George Müller: The Man of Faith*, 3.a edición (Grand Rapids: Zondervan: 1941), 145-146.

[11] J. R. Hamilton, *Alexander the Great* (Pittsburgh, PA: University of Pittsburgh Press, 1973), 120.

[12] Oswald Sanders, *Spiritual Leadership* (Chicago, IL: Moody Press, 1967; reimpresión 1994), 180.

[13] Steven F. Hayward, *Churchill on Leadership: Executive Success in the Face of Adversity* (Rocklin, CA: Forum, 1997), 98.

[14] Terry Pearce, *Leading Out Loud: Inspiring Change through Authentic Communication* (San Francisco, CA: Jossey Bass, 1995), 98-101.

[15] Leonard Cottrell, *Hannibal: Enemy of Rome* (Londres: Evans Brothers, 1960; Da Capo, 1992), 138.

[16] Phil Rosenzweig, *The Halo Effect... and the Eight Other Business Delusions That Deceive Managers* (Nueva York: Simon and Schuster, 2007; Free Press Edition, 2009), 145.

[17] Graham, *Just as I am*, 148-51.

[18] Robin Seager, *Tiberius*, 2.a ed. (Oxford, Inglaterra: Blackwell, 2005), 115.

[19] Ibíd., 207.

[20] Alice Shroeder, *The Snowball* (Nueva York: Bantam, 2008), 761.

[21] Anthony Everitt, *Augustus: The Life of Rome's First Emperor* (Nueva York: Random House, 2006), xxxvii.